英语教学与跨文化能力培养研究

刘彬彬　盛　婕　吴丽娜◎著

重庆出版集团  重庆出版社

图书在版编目 (CIP) 数据

英语教学与跨文化能力培养研究/刘彬彬, 盛婕,
吴丽娜著. 一重庆:重庆出版社, 2023.5
ISBN 978-7-229-17611-2

Ⅰ.①英⋯ Ⅱ.①刘⋯ ②盛⋯ ③吴⋯ Ⅲ.①英语-
教学研究-高等学校 Ⅳ.①H319.3

中国国家版本馆 CIP 数据核字(2023)第 080901 号

英语教学与跨文化能力培养研究

YINGYU JIAOXUE YU KUAWENHUA NENGLI PEIYANG YANJIU

刘彬彬　盛婕　吴丽娜　著

责任编辑:钟丽娟
责任校对:朱彦谚

重庆出版集团
重庆出版社　出版

重庆市南岸区南滨路 162 号 1 幢　邮编:400061　http://www.cqph.com
北京四海锦诚印刷技术有限公司印刷
重庆出版集团图书发行有限公司发行
E-MAIL:fxchu@cqph.com　邮购电话:023-61520646
全国新华书店经销

开本:787mm×1092 mm　1/16　印张:9.25　字数:206 千
2025 年 1 月第 1 版　2025 年 1 月第 1 次印刷
ISBN 978-7-229-17611-2

定价:68.00 元

如有印装质量问题,请向本集团图书发行有限公司调换:023-61520678

前 言

英语是一门语言学，同时也是全国普遍开设的语言类基础课程。英语的各种学习技能是通过学生个人的学习实践获得的，这一阶段的学生已经具备一定的英语实践能力和意识，他们能够通过自己的英语思想展开相应的交流。英语教学不仅要培养学生的听、说、读、写等基本语言技能，而且要培养他们的英语实际运用能力。在教学中，如何有效地开展英语教学工作，完善英语课程建设，培养高素质的人才，是英语教学要思考的问题。

随着我国经济和社会的快速发展，跨文化交际能力的培养已经成为教育界新的培养目标，就是使学生在学习、工作和社会交往中能用英语有效地进行交际，以适应我国社会主义发展和国际交流的需要。在以跨文化交际为中心的理念下，我国英语教学应培养学习者的文化意识，加强学习者对目的语文化认知层面的认识，尤其要提高其批判思维能力，从而更好地培养大学生跨文化交际能力。

基于此，笔者撰写了《英语教学与跨文化能力培养研究》一书，全书在内容编排上共设置六章：第一章作为本书论述的基础和前提，主要阐释英语教学的内涵与发展、英语教学要求与课程设置、英语教学中的语言与文化；第二、三、四章论述英语教学的多元方法、英语教学的内容构建以及英语教学中的思维培养；第五章分析英语跨文化能力培养的基本方法、英语跨文化交流能力的培养对策、英语跨文化交际能力的培养策略；第六章围绕商务英语教学中的跨文化交际能力培养、基于英语智慧教学模式的跨文化交际能力培养、基于混合式教学的英语专业学生跨文化能力培养、基于微课辅助教学中的跨文化能力培养实践进行研究。

全书本着务实、求新与开拓的精神，以全面发展为理念，创新课程内容和目标，并对课程主体、内容、方法分别提出针对性的意见，既有英语教学的基础知识阐述，又有跨文化能力培养的创新策略，为推动英语教学的发展提供参考和借鉴。

本书在撰写时参考了很多相关专家的研究文献，也得到了许多专家和老师的帮助，在此真诚地表示感谢。虽然在成书过程中，作者翻阅了无数资料，进行了多次修改与校验，但限于作者水平，书中难免会有疏漏，恳请广大读者批评指正。

目 录

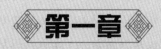

第一章
英语教学的基本理论

第一节　英语教学的内涵与发展

一、英语教学的内涵

认识英语教学，可以从教学参与者——教师与学生两个层面来看，从教师的层面上来看，在教学中，教师的角色是引导者，它通过一定的教学手段对学生进行英语教育的活动，而从学生的层面上来看，它是学生所进行的英语学习活动。任何一种教学活动，也包括英语教学活动，都具有一定的互动性，存在教师与学生、学生与学生之间的互动，不过最主要的互动还是存在于教师与学生之间。对英语教学基本内涵的理解可以从以下方面着手：

第一，英语教学从实施之初到结束都充斥着目的性，且根据不同的学期、不同的单元的目标，其所生成的目的性也不同，因此，英语教学目标也并不具备唯一性，它也需要根据英语教学的实际情况确定。

第二，英语教学是一个复杂的系统，为了确保系统的平稳、高效运转，需要在实施之前进行规划，这就让英语教学具有了计划性，系统的计划可以由教育行政机构制定，也可以由学校与教师考虑自己学校的实际进行制定。

第三，英语教学内容丰富，大家熟悉的词汇、语法、写作等知识是最基础的理论知识，除此之外，因为它主要的目的就是要培养学生的语言应用能力，因此，它还包括技能的传递。对于教学的实施而言，内容只是前提与基础，它还需要教学方法的支持，自英语教学开始之初到现在，已经形成了多种多样的英语教学方法，尤其在信息社会，英语教学方法更是获得了从未有过的大发展。

（一）英语教学的人文内涵

从人文①角度认识英语教学，其范围比较宽泛，不仅包括大家熟悉的英语语言国家的发展史、风俗习惯等，而且还包括其特色的文化，英语教学的人文内涵特别丰富，涵盖范围极广。所以，在英语教学中传播英语国家的文化是可行的、必要的，这要求教师在教学实践中要树立并贯彻以学生为本的思想，在开展基础理论知识讲解活动的同时，对英语文化知识做全面分析，以让学生了解西方优秀文化，认识中西文化差异，这对于学习英语有较大的帮助。

教师要重视英语文化教学，在教学活动开展之前，借助网络搜集与所讲的英语知识相关的文化知识，并在课堂上将这些知识传递给学生。结合文化的语言学习，是一种更深层次的学习，通过学习文化知识，学生能更清楚地认识语言在使用时的语境，这能帮助其有效避免一些其在具体应用时的文化失误。还需要说明的是，教师向学生讲解文化知识，除了要求其能够扎实掌握英语文化知识，同时还需要其具备较高的人文素质，英语教学过程本身就是一个文化不断传播的过程，教师较高的人文素质能让英语教学的人文内涵快速揭示出来，同时也有助于学生对文化知识的理解。

根据人文主义教育的理论可以知道，教育的最终目标是要实现人性的完美，而对于英语教学而言，它也要以这一目标为终极目标，这就要求英语教师在英语教学过程中对学生进行人文主义教育，而充斥在英语语言背后的文化就是人文主义教育的重要资源。基于此，英语教师更要注意在教学过程向学生进行文化渗透，通过这一举措，不仅强化学生对文化的认知，同时也有利于学生优秀品格、人文素质的培养。

（二）英语教学的通识教育内涵

通识教育与英语教学存在的一个共性就是它们都属于高等教育。通识教育的理念注重人的全面发展，认为受教育者可以利用学习这一手段将自身的潜能有效挖掘出来，这样其价值就能体现出来，最重要的是，其不仅身心、智力可以获得不错的发展，而且思想品格也能获得发展，受教育者的全方位发展也就实现了。

从不同的视角探究通识教育，可以发现其多面性。从性质层面上来看，也能确立通识教育的地位，通识教育是所有学生都应该接受的一种非专业方向的教育活动；从内容层面上来看，这种教育形式所蕴含的知识与技能不仅具有广泛性、专业性，而且还具备非功利

①人文就是人类文化中的先进部分和核心部分，即先进的价值观及其规范。其集中体现是：重视人，尊重人，关心人，爱护人。简而言之，人文，即重视人的文化。

性，同时，其所涵盖的范围非常广，将大家所熟悉的社会科学、人文科学以及自然科学等所有内容几乎都包含其中；从目的层面上来看，通识教育培养的是能够积极参与社会、具有较高的社会责任感的优秀人才。

"通识教育"四个字的精髓在于"通"，在这里，"通"的意思就是融会贯通，即所有的学科之间都可以相互贯通，当进行一个学科的学习时，学习者可以从其他学科中找到学习的思路，也可以从其他学科中搜集资料，更重要的是，学习者与不同学科背景的人交流可以让其感受不同的学科文化，充实自己的学科体系。

此外，还可以从教育生态学的角度认识英语教学，可以将英语教学体系看作是一个处于运动中的动态的生态系统，教师、学生以及周围的环境都是该系统的组成要素，其中，需要特别说明的是，环境主要由三部分构成，分别为社会环境、自然环境与规范环境。下面以规范环境为例，一般而言，教学的规范环境主要包括两方面的内容：一是教学的规范环境内涵非常丰富，它既包括一些为社会大众所普遍接受的教学态度，也包括长久以来形成的教学规范等；二是贯穿在教学各环节中教学要求、理念以及评价标准等都是教学规范环境的一部分。

教师、学生以及其周围的三种环境共同构成了英语教学生态系统，在这个系统中，不同的要素在各自发挥作用的同时，也会相互影响。英语教学生态系统蕴含着非常丰富的通识教育的内涵，它将语言基础课程作为系统的核心，认为教师在教学过程中首先要关注的是英语教学基础内容。通过对英语生态教学系统进行分析，可以发现，英语教学同时是教育人才培养模式体系中非常重要的组成部分之一，通过英语教学，学生学习到了丰富的英语知识与技能，且自主学习能力也能有所提升。

二、英语教学的发展

（一）英语教学发展的演变

1. 大纲设计

大纲设计涉及教学内容的选择、教学方法以及教学评估等内容。在传统英语教学中，教学内容的掌握是教学的最终目标，教学方法仅仅是实现教学目标的路径。"大纲设计者应根据结构对语言项目进行归类，并寻求教授这些语言项目的方法"[①]。例如，在语法翻译法中，学习者的学习任务和目标主要包括掌握相关的时态、语态规则并识记一定数量的词汇，将所学的规则和词汇项目应用到翻译实践中等，课堂的教学内容与学习方法不是由

[①]王岚，王洋. 英语教学与英语思维［M］. 长春：吉林人民出版社，2019：68.

学习者真实的应用目的决定的，这就导致学习者很难将课堂上所学的内容运用到实际交流中。随着交际型、以技能为基础的教学方法的出现，研究者意识到教学目标与教学过程是不可分割的有机整体，学习者必须通过一系列的交际活动才能达到相应的教学目标。大纲设计者需要先确定学习者需要掌握的目的与技能，并寻求学习者达到这些技能的方法，将教学目标和教学过程逐步融合为不可分割的整体。

2. 教学方法

传统的英语教学以教师讲授为主，教师是课堂教学的主体，决定着课堂的教学内容、教学方法、教学进度以及评估方式，而学生是课堂的被动接受者，在课堂上缺乏语言输出的机会。尽管学生花费了大量时间学习，掌握语言规则，却很难有效地将学到的语言知识恰当地运用到实践中。例如，在语法翻译法中，教师负责教授词汇、语法、课文分析等具体的语言项目，课堂主要围绕语言知识点的传授进行，学生缺乏通过合作，小组交流参与到课堂活动中的机会，无法成为课堂的主体。随着语言学习交际化理念的普及，英语课堂正逐渐由传统的教师主控转变为学生大量接触语言信息并输出语言。教师逐步将权力移交给了学生，学生在教师的指导、帮助、协调和鼓励下通过小组讨论、角色扮演、辩论、对话等方式充分提高了自主合作能力和创新意识。学生逐渐成为课堂活动的中心，教师则转变为课堂的组织者。

3. 学习者角色

传统英语教学中，学生是被动的知识接受者，他们不知如何将所学的词汇和语法在真实的语境中进行创造性的使用，而是花费大量的时间背诵与模仿。例如，以操练为主的听说法将语言学习视为习惯形成的过程。忽视了学生通过接触而对语言进行的分析与归纳，最终使学习者完全成为语言的复制者，对于课堂之外的交际活动感到束手无策。随着人本主义思想的日益普及，目前的英语教学正鼓励学生充分发挥主观能动性和创造性，鼓励学生将所学的词汇和结构进行重组，生成新的表达。教师鼓励学生通过反复练习，接触和运用语言。课堂成为沟通课上和课下交际的桥梁，而不再是保护学习者免遭风险，避免错误，阻止其大胆交际的隔离站，学生正成为课堂真正的主体。

4. 语言处理

在传统的英语教学中，语法与词汇被看作独立的语言项目，学生不知道如何将其进行组合，形成语义网络，导致将其所学的语法形式与交际意义相脱离。例如，语法翻译法中，教师要向学生传授语法规则，讲解词汇，然后通过翻译练习巩固所学的语言知识，而语法规则通过学习者的领悟与归纳，而不是通过教授获得。尽管两种教学方法教授语法规则的顺序不同，但均将语言知识当作独立的语言项目，将语言的获取看作由简单到复杂的线性过程。实际上，学生并不是一次性地将某一语言项目完美地获取，他们可以同时习得多个复杂的语言项目，并且通过重组、假设、验证等一系列复杂的、非线性的过程加深其理解。传统的英语教学使学生无法将所学的语法规则应用到真实交际中。目前的英语教学中，学者们呼吁教师将语法规则与特定的交际情境相关联，使学生弄清形式与意义，在真实的语境中学会选择适当的表达。

5. 教学材料

传统英语教学中，语言材料是教材编写者为了教授某一特定的语法知识或词汇项目而设计的。由于脱离了真实语境，这些内容在实际交际中鲜为使用。不利于培养学生的语感意识和能力。而目前的英语教学提倡使用真实的以篇章、任务为基础的语言材料进行语言教学，学生使用来自电视、报纸、杂志、广播、网络中的真实材料培养自己的听、说、读、写能力，由于这些语言材料来源于真实的语境，与人们的日常生活密切相关，因而提高了学生的实际语言运用能力。

6. 学习设备

传统的英语教学中，教材是学生语言学习的主要工具。由于条件的限制，这些课本通常缺乏相应的视频辅助材料，这在一定程度上不利于学生培养学习兴趣。随着网络等技术的发展，学生可以通过网络下载相应的文件，并且与英语本族语者通过网络直接沟通交流，提高了其听说能力的同时也增强了跨文化交际意识。另外，目前的纸质课本大多附有供学生自主学习的光盘，图文并茂，提高了学生的学习效率，激发了其学习英语的积极性。

7. 学习方法

在传统英语教学中，学生的主要学习目标是完成教学大纲所规定的教学项目。在语法翻译法中，教师要求学生识记大量的词汇和语法规则，而学生的主要任务就是通过不断地练习掌握要求的语言项目。然而他们不知道如何巧妙地使用学习策略、方法完成学习任务，而好的学习策略是学生提高学习效率、提高自主学习能力的重要保障。目前的英语教学鼓励教师不仅要教授语言内容，而且要注重学习策略的传授。教师在教学过程中要有意识地教授学生如何通过略读、扫读等策略抓住课文的关键信息，如何根据语义场景更加高效地记忆词汇。最终使学生可以创造性地使用语言，并且使用元认知策略对自己的学习过程进行监控和评估，以更好地提高学习效率。

8. 课堂组织与课外活动

在传统英语教学中，课堂是学生进行语言技能训练的唯一场所，教师是课堂的绝对支配者，学生是语言知识的被动接受者，这种单一的教学模式极大地限制了学生进行课堂小组活动的机会。在这种教师掌控课堂的教学环境下，学生无法自由表达自己的观点，也没有机会通过小组讨论进行意见协商，语言输出受到了限制，学习的积极性和创新性也受到了很大的影响。目前的英语教学呼吁教师将主动权逐渐移交给学生，让学生成为课堂的主体，教师作为课堂的协助者、评价者与监控者，指导和鼓励学生积极参与到各种小组活动中，通过交流合作培养其创新性、自主性、参与性与积极性，词汇和语法知识的讲解不再成为课堂的主要内容，课堂活动成为课堂的主线。另外，随着自主学习理念的逐步推广，目前的英语教学鼓励学生将课堂活动与课外活动有机结合，在课外通过实践参与激活和巩固原有的语言知识，不断提高自主学习意识和学习效率。

9. 测试评估

传统的英语测试只注重结果，不注重过程，由于标准化测试的内容是学校等官方统一命题和评阅的，任课教师往往无权干涉，导致学生学习的内容与测试的内容出现脱节，学生对于自己所学过的知识并没有完全理解。目前的英语教学主张将结果性评估与过程性评估相结合，教师系统地教授学生如何评估自己的学习行为，自我评估能使学生及时了解自身的收获与不足，进而及时做出改进。

（二）英语教学发展带来的启示

尽管传统的英语教学存在重结果轻过程、重形式轻意义、重教师轻学生等一系列弊端，但是，英语教学是一个极为复杂的过程，涉及教学目标、教学环境、教学阶段、学生特点等诸多因素。

1. 择优选择教学法

根据具体的教学目标、教学内容、学生的学习发展阶段，择优选择教学法。首先，教师要根据不同的教学内容，有意识地在各种教学方法之间进行转换。例如，在进行词汇与语法教学时，教师可适当使用语法翻译法，以提高学生语言的准确性，但在讲解课文的过程中，教师要及时切换教学方法，不要一味将重点放在句子意义的讲解和翻译上，要将社会文化知识与语言知识进行有机结合，使学生在提高语言能力的同时增强其文化意识。教师可适时将交际教学法融入各单元的主题中，以提高学生的社会文化意识、语言应用能力、策略能力和交际能力。其次，教师要根据不同的学习阶段，选择适当的教学方法，例如，在学习的初级阶段，教师可以使用语法翻译法着重培养学习者的读写技能，而在中级阶段，学习者已经掌握了基本语法、词汇量，有了一定的阅读能力，可针对其口语能力弱的问题，适度将重点从语言形式转移到语言意义上，采取交际教学法重点培养学生在不同语境中运用语言进行交际的能力。到了高级阶段，应以人为本，充分发挥学生的积极性和团队协作精神，以任务为载体、以合作为原则、以小组活动为主要形式的教学理念，通过指导学生完成任务，以更好地激发其学习动机，培养其积极性、主动性与创造性。另外，也可以根据不同的课型或课程特点选择不同的教学方法。如针对多数中国学生听力环节薄弱、听力教材枯燥单调的现状，在听力课中可以引入情境教学，这种图文加视频资料的教学方式不仅有助于学生的理解，也可以提高其学习积极性，使学生不仅愿意学，而且容易学。

2. 更新传统的教材

作为课堂教学的基础，教材的编写原则直接影响教师对教学方法、教学内容的选择以及最终的教学效果。教材的编写应注重题材的多样性、材料的真实性与趣味性以及学习者的参与性，使学习过程变得更加生动有趣，避免出现昔日课堂教学围绕教材进行应试培训的局面，以提高学生语言交际能力为根本。

3. 革新传统的测试评估体系

对传统的测试评估体系进行改革有助于摆脱传统测试对教学内容的束缚与指挥，以及对提高学生语言交际能力的不利作用。测试是评价教师教学效果以及学生语言熟练度的重要标准，基于测试的重要性，英语教师"为考试而教"的情况短期内无法改变。从某一程度上来看，测试支配着课堂教学的内容。基于测试对课堂教学的影响，广大一线英语教学者与测试者应加强沟通与交流，使测试能有效指导、促进英语教学。测试评估时可适度增加对学生听说两部分语言能力的测试力度，促使教师将教学内容的重点由语言形式逐渐转移到培养学生的综合语言运用能力上来，并通过提高学生综合语言水平进一步推动测试体系的发展与完善。

4. 坚持"以学生为中心"的教学理念

教师在课堂中发挥着至关重要的作用，但教师应将权利适当移交给学生，鼓励学生通过体验、参与和实践实现英语学习的交际目标，培养其合作精神、自主学习意识和策略意识，以更好地激发学生的学习动机，形成积极乐观的学习态度。最终促进英语实际运用能力的提高。英语教学是一个复杂的过程，受教学对象、教学目标、教学环境、学习者的学习阶段等诸多因素的制约。在教学的过程中，教师不必拘泥于某一特定的教学方法，而是应该及时更新教学理念，对原有教学方法辩证看待，取其精华，去其糟粕，博采众家之长，根据实际情况对各种教学方法进行优化选择和综合运用，以最大限度地提高课堂教学效率，促进学习者提高英语水平。

5. 培养学生英语表达能力

英语核心素养的培养包括英语表达能力。但英语教师在教学过程中忽略锻炼学生的英语表达能力。因此，英语教师应改进教学方式，帮助学生形成良好的英语表达能力，促进学生全面发展，为其未来接受更高级的英语教育奠定坚实的基础。首先，教师在课堂中应根据抽象的语法知识创设教学情境，使学生在轻松的教学范围内，更加深刻地理解语法知识；其次，教师应根据学生实际学习情况，制订合理的培养目标，对学生进行听、说、读、写训练，促进学生全面发展；最后，教师应在课堂中给予学生自由练习的时间，发挥学生的主观能动性，锻炼学生的英语表达能力。教师可通过以上教育方式全面提升学生英语表达能力，培养学生形成良好的英语核心素养。

第二节　英语教学要求与课程设置

一、英语教学要求

英语教学要求分为三个层次，即一般要求、较高要求和更高要求，这是我国高校非英语专业本科生经过大学阶段的英语学习与实践应当选择达到的标准。一般要求是高校非英语专业本科毕业生应达到的基本要求；较高要求或更高要求是为有条件的学校根据自己的办学定位、类型和人才培养目标所选择的标准而推荐的；各高等学校应根据各自的实际情况确定教学目标，并创造条件使那些英语起点水平较高、学有余力的学生能够达到较高要求或更高要求。

（一）英语教学的一般要求

第一，听力理解能力。听懂英语授课，听懂日常英语谈话和一般性题材的讲座，听懂语速较慢（每分钟130~150词）的英语广播和电视节目，并掌握其主旨大意、抓住要点；能运用基本的听力技巧。

第二，口语表达能力。在学习过程中用英语交流，并就某一主题进行讨论，就日常话题用英语进行交谈，经准备后就所熟悉的话题进行简短发言，表达比较清楚，语音、语调基本正确；在交谈中使用基本的会话策略。

第三，阅读理解能力。基本读懂一般性题材的英文文章，阅读速度达到每分钟70词；在快速阅读篇幅较长、难度略低的材料时，阅读速度达到每分钟100词；就阅读材料进行略读和寻读；借助词典阅读本专业的英语教材和题材熟悉的英文报刊文章，掌握中心大意，理解主要事实和有关细节；读懂工作、生活中常见的应用文体的材料；在阅读中使用有效的阅读方法。

第四，书面表达能力。完成一般性写作任务，描述个人经历、观感、情感和经历的事件等，写常见的应用文；在半小时内就一般性话题或提纲写出不少于 120 词的短文，内容基本完整，中心思想明确，用词恰当，语意连贯；掌握基本的写作技能。

第五，翻译写作能力。借助词典对题材熟悉的文章进行英汉互译，英汉译速为每小时约 300 个英语单词，汉英译速为每小时约 250 个汉字；译文基本准确，无重大的理解和语言表达错误。

第六，推荐词汇量。掌握的词汇量应达到 4795 个单词和 700 个词组（含中学应掌握的词汇），其中约 2000 个单词为积极词汇，即要求学生能够在认知的基础上在口头和书面表达两个方面熟练运用的词汇。

（二）英语教学的较高要求

第一，听力理解能力。能听懂英语谈话和讲座，能基本听懂题材熟悉、篇幅较长的英语广播和电视节目，语速为每分钟 150~180 词，能掌握其中心大意，抓住要点和相关细节；能基本听懂用英语讲授的专业课程。

第二，口语表达能力。能用英语就一般性话题进行比较流利的会话，能基本表达个人意见、情感、观点等，能基本陈述事实、理由和描述事件，表达清楚，语音、语调基本正确。

第三，阅读理解能力。能基本读懂英语国家大众性报刊上一般性题材的文章，阅读速度为每分钟 70~90 词；在快速阅读篇幅较长、难度适中的材料时，阅读速度达到每分钟 120 词；能阅读所学专业的综述性文献，并能正确理解中心大意，抓住主要事实和有关细节。

第四，书面表达能力。能基本上就一般性的主题表达个人观点，能写所学专业论文的英文摘要，能写所学专业的英语小论文，能描述各种图表，能在半小时内写出不少于 160 词的短文，内容完整，观点明确，条理清楚，语句通顺。

第五，翻译能力。能摘译所学专业的英语文献资料，能借助词典翻译英语国家大众性报刊上题材熟悉的文章，英汉译速为每小时约 350 个英语单词，汉英译速为每小时约 300 个汉字；译文通顺达意，理解和语言表达错误较少；能使用适当的翻译技巧。

第六，推荐词汇量。掌握的词汇量应达到 6395 个单词和 1200 个词组（包括中学和一般要求应该掌握的词汇），其中约 2200 个单词（包括一般要求应该掌握的积极词汇）为积极词汇。

（三）英语教学的更高要求

第一，听力理解能力。能基本听懂英语国家的广播电视节目，掌握其中心大意，抓住要点；能听懂英语国家人士正常语速的谈话；能听懂用英语讲授的专业课程和英语讲座。

第二，口语表达能力。能较为流利、准确地就一般性或专业性话题进行对话或讨论，能用简练的语言概括篇幅较长、有一定语言难度的文本或讲话，能在国际会议和专业交流中宣读论文并参加讨论。

第三，阅读理解能力。能读懂有一定难度的文章，理解其主旨大意及细节，能阅读国外英语报刊上的文章，能比较顺利地阅读所学专业的英语文献和资料。

第四，书面表达能力。能用英语撰写所学专业的简短的报告和论文，能以书面形式比较自如地表达个人的观点，能在半小时内写出不少于 200 词的说明文或议论文，思想表达清楚，内容丰富，文章结构清晰，逻辑性强。

第五，翻译能力。能借助词典翻译所学专业的文献资料和英语国家报刊上有一定难度的文章，能翻译介绍中国国情或文化的文章；英汉译速为每小时约 400 个英语单词，汉英译速为每小时约 350 个汉字；译文内容准确，基本无错译、漏译，文字通顺达意，语言表达错误较少。

第六，推荐词汇量。掌握的词汇量应达到 7675 个单词和 1870 个词组（包括中学、一般要求和较高要求应该掌握的词汇，但不包括专业词汇），其中 2360 个单词为积极词汇（包括一般要求和较高要求应该掌握的积极词汇）。

上述三个要求是作为各高等学校在制订该校大学英语教学计划时的参照标准。各高等学校可以根据各自学校的实际情况，对三个要求中的听力、口语、阅读、写作、翻译以及词汇量的具体要求与指标进行适当的调整，但要特别重视对听说能力的培养和训练。

二、英语课程设置

高校应根据实际情况，按照《大学英语课程教学要求》（以下简称《课程要求》）和大学英语教学目标设计出相应的大学英语课程体系，将综合英语类、语言技能类、语言应用类、语言文化类和专业英语类等必修课程和选修课程有机结合，确保不同层次的学生在英语应用能力方面得到充分的训练和提高。适应社会对英语人才的需求，高校英语专业的教育要遵循《大学英语教学大纲》的要求（以下简称《教学大纲》），但也要从自身情况考虑，"循序渐进达到培养应用型英语人才的需求切不可冒进，盲目增设太多力不能及的课程，这样不仅达不到预期的效果，反而会带来许多问题与坏影响"①。高校英语课程的设计应充分考虑听说能力培养的要求，并给予足够的学时和学分；应大量使用先进的信息

①闫俊玲，于明波. 高校英语专业课程设置改革探讨——基于应用型人才培养视角［J］. 赤峰学院学报（自然科学版），2016，32（24）：255.

技术，开发和建设各种基于计算机和网络的课程，为学生提供良好的语言学习环境与条件。

高校英语课程不仅是一门语言基础课程，也是拓宽知识、了解世界文化的素质教育课程，兼具工具性和人文性。因此，设计高校英语课程时也应当充分考虑对学生的文化素质培养和国际文化知识的传授。

无论是主要基于计算机的课程，还是主要基于课堂教学的课程，其设置都要充分体现个性化，考虑不同起点的学生。既要照顾起点较低的学生，又要为基础较好的学生创造发展的空间；既能帮助学生奠定扎实的语言基础，又能培养较强的实际应用能力，尤其是听说能力；既要保证学生在大学期间的英语语言水平稳步提高，又要有利于学生个性化的学习，以满足他们各自不同专业的发展需要。

第三节　英语教学中的语言与文化

一、英语教学中的语言

在人类历史发展的过程中，语言是一直存在的一种现象，语言是人与人之间交流的一种工具，语言的发展是人类文明发展的重要体现。语言与人大脑中的思维有着密切的联系，是思维的一种工具，语言可以传达思想，使抽象的思维得以实现。正是由于语言的存在，人类与动物的界限愈加明显，人类的社会生活才能有序进行。不同的民族和国家有着不同的语言形式，但是，从语言的结构上而言，语言又是有着一致性的，语言是集语音、词汇、语法为一个整体的结构体系，其中，语音是语言的物质外壳，词汇是语言构成的建筑材料，语法是语言内部结构的组成规则。由于语言区域、民族的差异性，从不同的认识视角出发来论述语言定义，体现出其不同的研究对象和范围。

语言的定义可分为广义和狭义。从广义上而言，语言是人类用来交际、互通信息的所有的符号系统，语言本身也属于文化范畴；从狭义上而言，语言是人类用于交流、表达的重要工具，也是文化传播的重要载体。与此同时，语言也是一种符号系统，可以用来谱写人类的发展史和文化史。需要注意的是，从不同的角度可以有不同的关于语言的定义，但是，语言和文化的关系是任何定义都不可避免的。从语言的丰富内涵而言，语言作为一种社会现象，与文化有着密不可分的关系。语言是文化的一种形式，语言可以反映区域、民族的社会文化；文化需要以语言为载体进行传播，文化也可以影响语言现象的发展。

从整体上而言，语言是文化产生和发展的关键，同时又是文化存在的重要标志，语言是文化的一种形式，文化也是语言的另一种存在方式，语言和文化是相互影响、相伴发展的。文化的发展在一定程度上是依赖于语言和文字的，文化的产生离不开语言和文字的运用；文化的发展也是受语言和文字的发展影响的；文化的永存不朽也是得益于文字的记录功能和语言的蕴含作用。此外，语言和文字具有最大的包容性：物质文化、制度文化、精神文化，人类所有的生产、创造、教育等文化活动要靠语言记录、表达；语言可以以文字的形式被记录下来，具有历史的永久性和稳固性，语言中蕴含着人类的知识经验和各种文化活动，并使它们能够代代流传下去。总的而言，语言文字是历史的活化石。通过语言文字可了解考察历史、追溯历史文化的踪迹。

文化是语言的底座，没有文化，语言也不可能存在。语言的地位无论怎样重要，但它都是精神文化的一部分，语言在其产生、变化和发展中一直受到文化的制约和影响。人类的文化创造活动产生了语言，没有人类起源过程所创造的原始文化，就不可能有原始的语言。文化是人类独创的，文化和人是同生同长的。语言文字和文化的关系因此十分密切，两者具有共生性和互依性。语言文字是一个民族的文化结晶，语言文字在文化中生存、贮存、流传。一个民族过去的文化依靠其语言文字流传，未来的文化也仰仗着它来推进。

二、英语教学中的文化

（一）文化的出现

"文化"一词是随着人类历史的发展而不断丰富起来的。

在中国的古籍中，"文化"一词来源于"文"和"化"两个字。"文"即指文字、文章、文采。《说文》曰："文，错画也。象交文。"《左传·昭公二十五年》注："青与赤谓之文，赤与白谓之章，白与黑谓之黼，黑与青谓之黻。"后又指礼乐制度、法律条文等。"化"是"教化""教行"的意思。教行于上，则化成于下。《老子·第五十七章》曰："我无为而民自化。"

至近代，社会学、人类学、哲学、社会心理学等从各自学科的视角来给"文化"一词下定义。文化在文化学或人类学中的定义通常是指人类社会区别于其他动物的全部活动方式以及活动的产品。但在实际的文化研究领域，由于文化要素复杂，内涵广泛，专家给出的定义不胜枚举。

西方近现代人类学家、社会学家和社会心理学家对文化的认识呈现出多角度、动态性的特点。1952年，美国文化学家克罗伯（A. L. Kroeber）和克拉克洪（C. K. M. Kluckhohn）发表《文化概念和定义的批评考察》一文，历时考察了自 1871—1951 年期间的关于文化的 160 多种定义，并作了评析。在此基础上，他给文化下了一个较为全面、科学的定义：第一，文化由外显的和内隐的行为模式构成；第二，这种行为模式通过象征符号而获致和传递；第三，文化代表了人类群体的显著成就，包括它们在人造器物中的体现；第四，文化的核心部分是传统的（即历史的获得和选择的）观念，尤其是它们所带来的价值；第五，文化体系一方面可以看作活动的产物，另外，则是进一步活动的决定因素。这一文化的综合定义基本为现代东西方的学术界所认可，有着广泛的影响。

（二）文化的特性

1. 文化的共享性

文化并不是个体自身的属性，而是个体作为群体成员的属性，文化只有在社会中才得以传递、共享。《人类学——人类多样性的探索》一书第 13 章有专门讲"文化"属性的内容，讲解精辟而通俗易懂："分享共同的信仰、价值观、回忆和期望，把成长在同一文化中的人们联系起来。通过为我们提供了共同的经验，濡化过程把人们统一起来。"

今天的父母都是昨天的子女。从父母那里接受濡化过程的子女们当了父母之后，他们就变成了下一代子女濡化的媒介（传播者、传授者）。虽然文化并非一成不变，但是，这种基本的信仰、价值观、世界观及子女教育实践却是长久保持不变的。而且，共享的文化背景是非常有影响力的。由此可见，在异国他乡，人们都更愿意、也更容易与跟自己来自同一国家、地区的人交往。

2. 文化的象征性

象征，对文化及人类其他方面的习得都是非常独特而重要的。象征是某种口头或非口头的事物，在特定语言或文化中，用来表示另外的某个事物。象征及其指代物之间没有明显的、天然的或者是必然的联系。象征通常是基于符号的，文化中最重要的符号就是语言，即用词语代替具体指代的对象。不使用语言，人们无法让一个不在场的人较为清楚地了解事件、情感及其他经历。

当然，除了语言，象征也有非语言形式的符号体系，例如，五星红旗代表我们中华人民共和国；交通路口设置的红绿灯，红灯停，绿灯行；商场里商品的价格只需表示数字就可以了，而不是真的拿现金摆在商品旁边来体现等。以象征的方式思考、运用语言并使用工具和其他文化形式，以组织、适应自己的生活并协调周围的环境，这是人类生活的常态，其中，象征的重要性非同一般。美国人类学家格尔茨就将文化视为一种象征体系。

（三）文化的功能

文化具有重大的功能，进步的文化对社会发展有积极的推动作用，具体如下：

第一，文化的认识功能。文化在认识社会、认识人生价值上有重大作用。进步的文化能帮助人们正确地认识社会，或对社会采取批判、革命、改造的态度，或采取扶植、建设、完善的态度。文化越发展，就越能提高人民的素质，充分发挥个人的主动性和积极性，努力为社会进步做出贡献。

第二，文化的整合功能。文化的发展帮助人们在思想上、行为上趋于一致。生活在同一社会制度下的人们，在认识上能趋于一致，文化起了一定的作用。对某一社会问题，大多数成员能取得一致看法，采取一致行动，并努力去解决它，正是这种功能的表现。例如，文明礼貌活动、优质服务、提高职业道德水平等，都与文化的整合作用有关。

第三，文化的改造功能。文化在改造客观世界和人的主观世界方面起了很大作用。自然规律的发现和利用从而达到改造自然的目的，均与文化的传播有关。对社会而言，当某一社会制度正逐渐显露其问题时，新的文化运动就成为呼唤新社会诞生的先导；当一个新社会诞生后，先进的文化则能帮助这个新社会巩固、发展和完善。

第四，文化的发展功能。文化不仅帮助人们认识社会，而且文化也能对社会结构和社会生活提供蓝图，使社会行为系统化。人一生下来，就踏进了社会化过程。这个过程也就是学习和继承文化的过程，是在前人创造的文化基础上，以此作为起点向前迈步的。新的一代人，根据时代的需要，对原有文化采取"扬弃"的态度，继承其先进合理的积极因素，批判其过时的因素，向前推进文化的发展并因此而促进社会的进步。

三、跨文化交际与英语教学的融合

随着全球化时代的到来，各国之间的文化交流日益频繁，人们进入了一个多元文化并存的时期。但是在多元文化并存下，文化差异会造成交际失误，引发矛盾，教师在高校英语教学中应强调培养学生的跨文化交际能力，使学生准确运用英语技能，对文化差异具有一定的敏感性、宽容性，能够灵活地处理文化差异。基于这样的考量，高校英语教学中应采取有效途径渗透跨文化交际教学，培养学生对于文化差异的敏感性，缩短文化距离，使学生形成良好的跨文化交际能力，成为社会需要的人才。

（一）跨文化交际与英语教学融合的重要性

跨文化交际与英语教学是密不可分的，高校英语教学必须注重跨文化交际教育的时刻渗透。我国教育部颁布的《高等学校英语专业教学大纲》《大学英语课程教学要求》中均把跨文化交际列为重要的教学内容，提出要注重培养学生的跨文化交际能力，不仅要求学生掌握"听、说、读、写、译"五项技能，更要求掌握跨文化交际能力，可见跨文化交际在高校英语教学中的重要性。

全球化趋势越来越明显，使得普通人不可避免地要与不同文化背景的人交流，跨文化交际离普通人越来越近。文化差异是跨文化交际的最大障碍，因为文化差异的存在，可能造成跨文化交际中出现语用错误，使对方认为不了解本民族文化，不尊重自己，进而破坏正常的交流，引发矛盾。为了能够正确、有效地交流，高校英语教学中应重视文化教学，使学生了解英语使用国家的社会文化、风土人情，培养学生对文化差异的敏感性，让学生通过跨文化交际的渗透，更清楚地认识英语的结构和本质，形成良好的跨文化交际能力，正确地运用英语语言，减少母语对英语语言学习可能产生的错误，避免出现语用错误。

（二）跨文化交际与英语教学融合的原则

第一，相互尊重。中文与英语是根植在不同文化土壤中，带有各自民族特点的两种语言体系，只有在相互尊重的基础上，才能用理性的态度去审视另一种民族语言，吸收另一个民族文化的精髓，这就要求在高校英语教学中用无歧视、无崇拜、无偏见、无盲从的态度对待英语国家的民族文化，客观地了解英语国家的社会文化、风土人情、生活习惯等，才能更好地认识文化差异。

第二，求同存异。在英语教学中渗透跨文化交际教学应遵守求同存异原则，便于消除母语对英语语言学习可能造成的错误。"求同"在教学中比较易于把握和实施，学生理解上困难不大，但是"存异"要讲究方法和策略。对比是了解两种文化差异的最有效方法，通过对比能让学生认清两种文化差异，了解另一个国家的文化，避免出现语用错误。

第三，去粗取精。取之精华去之糟粕，是高校英语教学进行跨文化交际渗透时应当遵守的原则，应摒弃英语文化中那些不健康的文化，从中吸收有用的、正面的文化信息并为我所用，这样在培养学生跨文化交际能力之余，更利于学生的健康成长。

第二章
英语教学的多元方法探究

第一节 传统与非传统英语教学法

一、传统英语教学法

20 世纪 70 年代，二语习得研究的繁荣发展对外语教学产生了举足轻重的影响，众多新方法和新途径应运而生。其中的四种传统教学法——语法翻译法、直接法、视听法、认知法，代表着 20 世纪 70 年代之前的主要外语教学流派。

（一）传统英语教学法——语法翻译法

16 世纪之前，拉丁语作为欧洲各国的官方语言，不仅用于教育、商务和政府公务等领域，也用于日常的口语交际。然而 16 世纪，随着罗马帝国的衰落，法语、意大利语和英语取代了拉丁语的地位，开始逐渐成为人们用于口头及书面交际的通用语言。拉丁语虽然不再是一门活的语言，但却成为欧洲学校中的一门重要课程。十七八世纪的欧洲，古典拉丁语的教学以阅读维吉尔、奥维德、西塞罗等人的经典作品，分析拉丁语的语法和修辞成为多数学校拉丁文课程的主要教学方法。16—18 世纪的英国开设有"文法学校"，学生要接受严格的拉丁文法训练，背诵语法规则、变位和词形变化，并且借助双语对照的语篇进行翻译和写作练习。具备一定的基础知识之后，学生就进一步学习高级语法知识和修辞知识。拉丁语被认为是具有最严谨、最有逻辑性的语法体系，因而拉丁语的学习被认为是训练推理能力及观察、比较和综合能力的良好方式，有助于训练学生的心智，提高人文素质。18 世纪英语、法语等现代语言作为外语进入欧洲学校课程之后，人们自然而然地沿用了教授拉丁文的方法。这种教学法因其对语法、阅读和翻译的重视而被称为"语法翻译法"，成为世界上使用时间最长，影响范围最广的一种教学法。

语法翻译法的语言学基础是萌芽于 18 世纪晚期、盛行于 19 世纪的历史比较语言学。历史比较语言学主要研究语言的发展史，通过比较各种语言不同时期在语音、词形、曲折变化、语法结构上的相同特点来建立语言谱系，考察语言和民族心理的关系。

语法翻译法的心理学基础是 18 世纪形成于德国的官能心理学。官能心理学认为，各种官能（如记忆力、理解力等）可以相互分离，单独地加以训练和培养。背诵无意义的复杂的语言形式能发展记忆能力，进行繁杂的语法训练可以发展心智。因此，语法翻译法主张在外语教学中要通过背诵语法知识来发展学生的思维能力，磨炼学生的意志。

语法翻译法的教学目标是教会学生阅读和欣赏经典著作，通过对目的语的语法分析和翻译来更好地了解本族语。教材围绕着语法知识进行组织和编写，每一单元包括一个外语篇章、双语对照生词表、用本族语解释课文中出现的语法知识点和练习（翻译或关于语法知识点的问答题）。课堂上，教师花大量时间讲解语法，偶尔点学生做下翻译练习、大声朗读课文并解释所读内容。掌握口语不是外语学习的目标，口语练习仅限于大声朗读单词、句子或段落。翻译练习的句子是为了体现语法规则而生造的，与真实的交际毫无关系。

1. 语法翻译法的特点

语法翻译法的特点主要从以下方面探讨：

（1）重视语法教学。学生先学习与每一单元的课文相关的语法规则，背诵双语对照的单词表。语法教学采用演绎法，大量而细致地讲解语法规则，然后在阅读和翻译练习中理解、运用、巩固规则。

（2）重视语言对比。教学过程中，对目的语和本族语进行词汇、语法、结构等方面的比较。外语教学的目的是实现两种语言之间的转换，必要的时候可借助词典。翻译是检验学生掌握规则和阅读能力的主要手段。翻译做得好，就表明学生掌握了外语。

（3）重读写，轻听说。语法翻译法把口语和书面语分离开来，认为外语学习的目标是阅读经典，开发心智，所以"读写"能力是教学的主要内容。重视阅读能力的培养，忽视听说能力的训练和语言技能的培养。

（4）充分利用本族语。教师用本族语组织教学，用本族语讲解语法规则。课堂上的主要活动是语法规则的系统讲解和课文句子的翻译。

由上述特点可以看出，语法翻译法的教学往往不能达到好的效果：学生虽然经过多年严格的语法翻译训练，在实际交流中却听不懂最简单的对话；重视语法规则讲解的方法也不适合年龄小的学习者。这种教学法由于其过多地依靠本族语，忽视听说能力的培养，忽视学生的认知情感等因素，练习形式比较单一，课堂教学气氛沉闷等缺点，在现代语言教学史上受到诸多新思潮、新流派不好的评价。

2. 语法翻译法的优势

语法翻译法之所以有着较强的生命力，主要得益于它简便易行和适应性强的优势，主要有以下方面：

（1）目标语不流利的教师也可进行大班教学。语法翻译法对教师的外语水平、组织教学的能力、备课授课的负担、教学设备、班级编制等方面的要求较低。因此，在师资和教学设备较差、班级规模大、教师工作量较大或积极性较差的条件下，语法翻译法往往受到青睐。

（2）有助于学生的自学。语法翻译法教学理念指导下编写的教材可供学习者课外自学使用，从入门到高阶，各种水平的学习者均可找到适合自己的材料进行阅读和练习。

（3）可以适应不断变化的语言学与心理学理论。语法翻译法中对语法的讲授是顺应时代的发展的，无论是布龙菲尔德的结构主义语言学还是乔姆斯基的心灵主义语言学，他们对语法的研究都可以成为教学的内容。

（4）语法翻译法在实践中不断改进。早期的语法翻译法过分强调对语言形式的学习，对词汇有所忽略，不利于学习者阅读课文、理解课文。后来法国和英国的教育家们提出"词汇翻译法"，重视词汇的翻译，对学习者掌握词义、理解语言材料的意义有较大的帮助。德国有学者提出"翻译比较法"，主张通过对比翻译的实践来理解语言材料的内容，开始关注本族语和目的语的差异以及学习者对目的语的掌握。

在语言教学理论的影响以及自身的不断调整下，现代的语法翻译法有了很大的发展，不再完全以语法规则为中心，教学活动也开始关注交际能力的培养。语法翻译法简便易行和适应性强的优势使它在英语教学史上一直没有完全被摒弃，可见，新的教学方法发展了语法翻译法，吸取了其中的有益部分，弥补了其不足之处。

（二）传统英语教学法——直接法

19世纪中后期，欧美各国之间商业发展迅速，政治、经济交流往来日趋频繁，社会迫切需要掌握外语并能用外语进行口头交际的外语人才。外语学习的目的出现了实质性的变化，不再只是阅读经典和磨炼心智，而变成了一种社会实际需要，主要体现在对口语的需要。作为当时欧洲学校外语教学的主要方法的语法翻译法却不能有效地培养口语能力，于是一些学者开始倡导外语教学的改革运动，"直接法"作为语法翻译法的对立面就出现了。直接法认为，语言的本质是一整套说话的习惯。它主张学习外语应该像幼儿学习母语那样，反复操练就能达到脱口而出的程度，其最终目的是使学生具备听说口语的能力。19 世纪末到 20 世纪 20 年代是直接法盛行的时期，欧美许多教学机构和教师都竞相使用这一方法。

直接法是教授外语，特别是现代外语的一种方法，它通过外语本身进行的会话、交流和阅读来教外语，而不用学生的母语，不用翻译，也不用形式语法（第一批词通过指示实物、图画或演示动作等办法来教）。直接法主张把目的语和它所表达的事物直接联系起来，不借助学习者的母语，直接学习、直接理解、直接运用目的语。直接法有以下主要特点：

第一，重视口语教学和语音训练，强调模仿。直接法以培养口语能力为主要目标，强调纯正自然的语音语调，以句子为单位，主要采用问答的方式教学。直接法认为语言是一种习惯，习惯的养成在于多模仿、多练习。

第二，用归纳法教语法。初级阶段不进行系统的语法教学，而是在学习者掌握大量的实际语言材料之后，引导其归纳、总结语法规则。在高级阶段需要讲解语法时，使用目的语教授。

第三，尽量避免使用母语和翻译。采用动作、情境、实物、图画等直观手段来代替母语的释义功能，以建立意义与形式间的"直接"联系。阅读目标的实现也是基于对语篇的直接理解，使外语与思维直接产生联系，而不借助词典或翻译。

第四，关注目的语文化。直接法要求教师在课堂上创设生动有趣的情境为学习者提供了解和使用目的语的机会，教学使用的图画通常也是围绕目的语国家日常生活涉及的口语活动情境所精心设计。

直接法强调不以本族语为中介，直接学习目的语，主张用教学生学习本族语的方式学习外语，注重在实践中培养语言习惯，重视语音和口语教学，利用直观教具等。这些特点有利于激发学生的学习兴趣，能有效地培养学生的听说能力，以及用外语思维、记忆、表达的习惯。然而，直接法在处理本族语与外语、口语与书面语等关系上存在着简单化、片面化的倾向。

（三）传统英语教学法——视听法

视听法产生于 20 世纪 50 年代的法国，由法国圣克卢高等师范学院法语研究所推广形成，又叫作"圣克卢法"，最初运用于成年人法语第二语言短期速成教学。当时大众传播工具的发展十分迅速，人们开始在外语教学中广泛借助电教手段，如广播、电影、录像、幻灯和录音等。通过运用声光电等现代化设备，把视觉感受和听觉感受相结合，把语言与形象相结合，从而建立起语言与客观事物的直接联系。视听法重视教学过程中语言材料的完整性，也被称为"整体结构法"。视听法吸取了直接法和听说法的优点，并发展了情景视觉感知要素，形成了独特的幻灯情景视觉与同步录音听觉相结合的方法体系。

视听法与听说法一样，视听法的理论基础是结构主义语言学和行为主义心理学。视听法强调培养学习者的口语能力，主张外语教学要培养学习者听、说、读、写外语的能力，而不是要求他们掌握语音、语法、词汇等知识。视听法把外语教学过程归结为刺激—反应—强化的过程，视听结合的方法比单纯依靠听觉或视觉来理解、记忆和储存的语言材料要多得多。视觉形象为学生提供形象思维的条件，促使学生自然和牢固地掌握外语。听觉形象有助于习得正确的语音、语调、节奏，获得遣词造句的能力。作为在欧洲大陆发展起来的外语教学法，视听法还在一定程度上吸收了格式塔心理学的主张，它认为人对语言的认识具有整体性，而且人的视觉、听觉等感知能力也能对刺激形成整体反应，因此，外语教学需要从各个方位向学习者展示目的语，从而使学习者的感知能力得到整体运用。视听法具有以下主要特点：

第一，听说领先，集中强化教学。集中三个月，用250~300课时进行强化教学，以掌握基本的口语能力。在口语基础上培养书面语能力。

第二，以句型为中心。描写语言句子结构，归纳句型进行教学，是后期视听法教学的重要部分。

第三，限制使用母语。用外语讲解以培养语感。

第四，创设情景，进行语境教学。图像、录音视听结合，使所学外语与情景建立直接联系。

第五，重视整体结构的对话教学。完整的对话是视听法教学的基本单位。对话既有利于培养口语能力，又能使课堂变得更生动活泼。

第六，充分利用幻灯、录音等电教设备。

视听法发扬了直接法、听说法的长处，是外语教学手段的一种创新。它改变了原有教学手段的单一性，丰富了教学手段，在教学中广泛使用现代化教学技术设备，使语言与形象紧密结合，在情景中整体感知外语的声音和结构。电化教学的手段直到今天仍然被广泛使用，不断发展的声像技术、多媒体、网络等被运用于外语教学，这是视听法的一大贡献。视听法的不足之处是与它的鲜明特点紧密相连的：过分强调视觉直观作用，忽视对抽象词汇和语法结构的处理和讲解；过分重视语言形式训练，忽视交际能力的培养；过分重视语言整体结构，忽视分析语言的有机构成；过分强调口语，忽视书面语的作用，学习者的阅读、写作能力得不到相应的发展。

视听法没有得到广泛的应用，是因为它自身具有的局限性。一方面，它的理论基础跟直接法和听说法相比没有很大变化，因此其主要教学原则也与二者高度一致。除了声像配合教学这一创新点之外，没有更多的建树；另一方面，视听法的教学目的是短期快速地培养成年人外语口语能力，所以它以口语为主，排除母语和目的语文字等。这些做法显然不能适应长期的外语教学。理论基础和短期教学目的决定了视听法的成果最终只能作为一种配合外语教学的手段，而没能形成颇具影响的教学法流派。

（四）传统英语教学法——认知法

认知法又称"认知—符号法"。由于它重视语法的作用，又称为"新语法翻译法"。认知法重视发挥学生的智力作用，强调认知语法规则，培养实际运用语言的能力，具有坚实的语言学、心理学理论基础。

认知法的语言学基础是乔姆斯基的转换生成语法理论。转换生成语法认为语言是受规则支配的体系，人的语言能力是先天性的，人脑具有一种语言习得机制。人类学习语言不是机械模仿和记忆的过程，而是不断理解、掌握语言规则、创造性地运用语言的过程。因此，认知法主张从学习语言规则入手，培养学生创造性地运用语言的能力，形成了自己的教学观，即语言学习是通过对它的各种语音、语法和词汇形式的学习和分析，从而对这些形式获得有意识的控制的过程。认知法的主要特点有以下方面：

第一，以学生为中心。教师要了解学生的年龄特点和外语学习的心理认知过程，培养学生具有正确的学习态度、坚定的学习信心和顽强的学习毅力。教师还要懂得学生的智力活动结构和发展过程，为学生提供易于发现规则的足够的语言材料和情景，从已知到未知，引导学生自己去进行"发现学习"。

第二，用演绎法讲授语法。在理解语言知识和语言规则的基础上操练外语，强调有意义的学习和有意义的操练。认知法的核心是理解、记忆和使用的综合。理解是前提，操练是手段，记忆和使用才是目的。

第三，听说读写齐头并进。认知法主张外语教学一开始就进行听、说、读、写四种能力的综合训练，全面发展。通过耳听、口说、眼看、手写多种感官刺激，可以收到更好的学习效果。听说是训练口头语言，读写是训练书面语言，二者相辅相成。通过读写强化听说能力，通过听说提高读写能力。

第四，合理利用母语。在理论方面，乔姆斯基的普遍语法认为各种语言都具有一定的普遍性、共同性。因此，学习者母语的语法知识、概念、规则会迁移到外语中去，从而促进外语的学习。

第五，分析语言错误。听说法强调及时纠错，以免学习者的错误变成习惯。而认知法认为学习过程中出现的错误是难免的，因此要容忍学生的语言错误，对错误进行分析和疏导，不能见错就纠，而是只纠正主要错误。

第六，广泛运用电化教学手段。认知法认为直观教具和现代化教学手段可使外语教学情景化、交际化，有助于创造外语环境，增加使用外语的机会，强化外语教学过程，是在缺乏语言环境的情况下高质量进行外语教学不可缺少的条件。

二、非传统英语教学法

20 世纪 60 年代后期，乔姆斯基领导的语言学革命在美国外语教学界掀起了轩然大波，此外，关于语言、语言学习和语言教学的问题至今都没有得到满意的解答。20 世纪 70 年代受人本主义思潮的影响，出现了"暗示法""沉默法""社团语言学习法"等非传统教学法，这些方法都引起了人们的兴趣。另外，还有一些方法借鉴了普通教育理论的研究成果，如"全语言法""多元智能法"等教学方法。

（一）暗示法

暗示法①又叫"洛扎诺夫法"。这种方法将暗示理论运用于外语教学，其神秘色彩和别开生面的教学方式受到了各方面的重视，迅速传入欧美等西方国家，并争相实验，在 20 世纪 70 年代形成热潮。放松的策略和集中的注意力可以帮助学习者唤醒潜能，更加有效地学习和记忆词汇和句型。通过无意识渠道获得的信息是长时记忆的基础，暗示法指导下的学生对材料的记忆和吸收比其他方法快得多。因此，暗示法强调学习条件或学习环境在学习中的作用，其最显著的特点是强调教室的布置、音乐的使用以及教师的威信。教师要营造一种"暗示性"的氛围，轻柔的音乐、赏心悦目的室内装饰、舒适的扶手椅，教师展示语言材料时所运用的戏剧化手段等，都是为了让学生放松，从而能够轻松愉快地学习外语。

暗示法运用心理学、生理学和精神治疗学中的整体性规律，强调要调动大脑两个半球都参与到学习中。在教学中，综合运用暗示、联想、想象、音乐等方式，充分开发学生的心理潜力，将有意识活动和无意识活动，理智活动和情感活动结合成完整的统一体。把焦虑看作抑制学习潜能的巨大障碍，提出两个教学原则以消除传统课堂带给学生的心理压力。这两个原则是"幼稚化"和"假被动状态"。关于暗示法的语言学理论基础，没有明确论及。但暗示法强调词汇的记忆和翻译，表明它的语言观是以词汇为中心的。

---

①暗示法是心理学名词，在采访活动中，记者和采访对象配合默契，用含蓄、间接的方法对对方的心理和行为产生影响。表现为使人按一定的方式行动，或接受一定的意见及信念。

暗示法的主要观点包括六个组成部分：权威性（authority）、幼稚化（infantilization）、双重影响（double-planedness）、语调（intonation）、节奏（rhythm）和音乐会场景的假被动状态（concert pseudo-passiveness）。来自权威的信息能够获得接受者的信任感，也最容易被记住。暗示法认为教师的权威是教学方法最为重要的一部分。教师对教学方法的坚定信念、教师的教学能力、媒体对于成功案例的报道等都有利于增强教师和教学机构的权威性。

双重影响指学习者不仅受直接教学的影响，而且也受到来自教学环境的影响。明亮宽敞的教室，音乐伴奏的背景，桌椅的摆设，教师的个性和教态等，都和教学材料本身一样对学习者有着重要的影响。清新愉快的学习环境能从潜意识方面增进学习效果。

语调和节奏也是暗示法的主要观点。不同的语调可以表达不同的内容，对学习者产生不同的效应。在呈现语言材料时，声调柔和，感情真挚，在音乐的伴奏下努力做到声情并茂，不仅可以强化所学语言材料的意义，也可避免简单重复所带来的单调枯燥之感。节奏有助于潜意识反应的产生，使大脑能吸收、保持并回顾更多的所学的东西。节奏的应用特别适合于诗歌教学，也可应用于文章结构紧凑、语句简洁凝练的段落中。有节奏的朗读会使语言材料在学生的脑海里留下深刻的印象。

暗示法的教学目标是快速培养学生的高级会话能力。它有着详细周密的教学计划，一期课程持续三十天，包括十个单元的学习内容，每周六天，每天四个小时，三天一个单元。每个单元的学习内容包括一段约 1200 字的对话，并附有单词表及语法讲解。对话按照词汇和语法的难易进行编排。每个单元的教学安排：第一天，老师介绍对话材料的内容，然后发给学生有母语对照译文的对话材料，回答学生的问题，老师在音乐伴奏下以特定的方式朗读对话；第二天和第三天，老师就对话材料进行初步学习和拓展学习。初步学习指学习本单元的对话材料，以及 150 个新单词。课堂活动包括模仿、问答、朗读等。拓展学习包括鼓励学生创造新的句子和对话，阅读和对话内容相似的故事或短文，鼓励学生表达交流，并就课文内容进行角色扮演的活动。

每天 4 个小时的教学活动又分为三个阶段来进行：第一阶段是复习阶段，通过对话、游戏、短剧复习学过的内容，尽量避免机械练习；第二阶段呈现新的语言材料，在老师的带领下学习新的对话材料，借助译文弄懂意思，一起讨论教师认为重要的或学生感兴趣的语法、词汇、对话内容，讨论时尽量用外语，但不强求学生使用外语。教师要尽量激发学生对新材料的兴趣，同时要避免让他们产生任何心理压力。教师的态度和威信是促使成功学习的关键；第三阶段是音乐会阶段，也是暗示法最具特色的一个阶段，旨在让学生无意中记住语言材料。这个阶段以播放音乐开始，一切对话活动都停止，静默一至两分钟。然后教师随着音乐节拍开始朗诵材料，学生则全身放松地坐在安乐椅上，随着教师朗诵的节拍看所学习的书面材料，并在心中默念。朗诵完毕，静默几分钟，有的老师也允许学生起身活动一下，再进入音乐会的下半场。同样，静默几分钟后，音乐响起，教师再次朗诵课文，学生合上书本，静听教师的朗读。教师朗读完毕，学生安静地离开教室。教师不给学生布置任何作业，只要求学生在临睡前和次日早晨起床后各朗读一遍课文。

暗示法的主要特点可以归纳为六个方面：①有意识和无意识的统一，整体大脑活动的统一；②关注学习者情感因素，提倡愉快的放松式学习；③重视学生听说能力的培养；④借助母语进行翻译和对比；⑤容忍学生的错误，维护学生的自信心；⑥强调教师对暗示法抱有绝对的信心，排斥其他的方法和技巧。

暗示法从心理的角度来探讨外语教学，体现了对学习者情感因素的关注，设计了很多技巧以促进新材料进入人的长时记忆，对于外语教学有着积极的推动作用。但是，暗示法的应用范围比较小，在实践中有一定的难度，如教学班级小（12人），教室装饰等对大多数学校而言都很难做到。暗示法对教师的要求也太高，首先要求教师在学生中树立威信，还应显现出极大的热情。教师需要接受专门的声乐训练，具有一定的表演才能和艺术才能，而且还要掌握一些心理疗法的技巧。

另外，以对话为主的语言材料缺乏真实性，在一定程度上会影响语言交际能力的培养。可见，暗示法对语言理论的忽视，对形式的过分注意，以及对其他教学方法和技巧的排斥，束缚了它在外语教学领域的发展和应用。

（二）沉默法

沉默法①是20世纪70年代由美国心理学家凯莱布·格特诺（Caleb Gattegno）创立的，沉默法主张教师在教学过程中要尽量保持沉默，学生则要尽量多说话、多练习。沉默法坚持"教从属于学"的原则，认为学习是学生的事情，教学只是辅助手段。教师的角色就是研究学习者，提供各种挑战，借以促进学生的发展。学生不应该简单、机械地重复老师所讲的内容，而应该多思考，多动脑，在"沉默"中专注于完成任务，唤醒潜能，发现所学语言的规律，建立一套内在标准。沉默法不同于其他教学法的一个鲜明的特点是它所使用的独特的教具：奎茨奈尔彩色棒、菲德尔卡片和彩色挂图来进行外语教学。彩色棒长短不一，用来教词汇（如颜色、数字、位置等）和句法结构（如时态、语序等）。菲德尔

---

①沉默法，外语教学的一种方法。20世纪60年代由美国教育家格特诺（Caleb Gattegno，1911—1988）根据认知心理学基本原则提出。认为语言是经历的一种替代物，语言依靠经历赋予意义；通过发现或创造得到的学习效果比通过记忆和重复更好；外语教师在课堂上应该尽量沉默，让学生多开口。

卡片用颜色不同的方块表示元音和辅音，用来教发音。彩色挂图提供实物和场景来配合外语教学。

沉默法还吸纳了教育哲学的观点，认为教育的目标是培养独立自主、有责任心、具有解决问题能力的学生，而不只是向学生传授语言知识、培养语言技能。它把自我看作一个富有意识和自我教育能量的自我完善系统，它把学习聚集于学习行为本身，而不是学习的内容。语言只是学习的工具，而语言的掌握则是学习行为的副产品。沉默法所体现的教育哲学思想即："独立性、自主性、责任心"。

沉默法的学习观认为：第一，发现或创造比重复和记忆更有益于学习；第二，实物伴随有利于学习；第三，通过解决问题掌握知识。

外语学习是有意识的、有目的的和受控制的学习。因此，不能用学习母语的方法同样去学习外语，而应该用一种严谨的人工方法来进行。沉默法强调学生的主体地位，在沉默中学生专注于自己要学的知识，发现潜在的解决问题的方法。在引导学生积极投入学习中去的做法上，沉默法与认知法是一致的。在沉默法课堂上，学生深深地沉浸于发现新语言之中，教师却尽量保持沉默。教师使用彩色棒、彩色卡片、挂图和各种手势来引导学生发现和认识新语言，掌握语音、词汇、句法结构等。学生通过自我意识学习，先是迷茫而后在练习和错误中建立起正确的语言体系。

沉默法把语言看成是经验的替代品，是语音和意义的随机结合。课堂教授的语言材料并不与任何交际条件相关联，语法结构和词汇被人为地分成若干部分用彩色棒表示，再逐一教给学生，教师着重于命题含义，而不是交际含义。句子是教学的基本单位，词汇是教学的核心内容。由于沉默法课堂上教师必须尽量保持沉默，学生只能通过自己的发现和归纳掌握外语，因此所教授的语言材料就受到一定的局限。沉默法把教学词汇分为两类：半高级词和高级词。半高级词主要是一些日常生活用语，如食物、旅游、衣服装饰、家庭生活等，高级词是一些用于表达思想的词，如政治或哲学等方面的词汇。

沉默法的教学目标主要是培养初级听说能力和外语自学能力。沉默法的教学活动始于教师示范或提示，然后学生反应、回答，说出更多的句子。当某个学生有错误时，其他学生要主动补充正确的。在沉默法课堂上，学生的角色是多种多样的，有时作为一个独立的学习者，有时作为小组的一个成员。教师则主要根据学生的需要，充当示范者、助手、指导者等。

沉默法的教学步骤包括：第一，教师将彩色棒倒在桌子上；第二，教师拿起某个颜色的彩棒，示范读音，或者用教鞭指着图表上的某个字母，示范发音；第三，学生模仿发音或读音；第四，如果一个学生错了，教师再示范或示意另一个学生示范。在全部彩色棒所代表的字母或词语都介绍完毕之后，开始新一轮的学习。

与传统的教学法强调听说读写技能的准确性和流畅性不同，沉默法重视学生的主体性，将外语教学的目标提升到教育和生存的高度，强调培养学生的创造性思维、自主学习能力和合作学习能力。彩色棒、卡片、挂图等教具的使用，强调自我意识自我纠错的做法都体现了沉默法在课堂安排和教学理念上的创新。但是，沉默法也有一些不足之处，例如，它很难应用于外语学习的高级阶段。教师在课堂上尽量保持沉默，也使学生失去了大量的吸收语言输入的机会。沉默法的创新也是有限的，在很多教学要素上仍然是传统的，如在语言学习上采用结构大纲，师生关系也是传统的，老师虽然保持沉默，却如乐队的指挥一般，严格地掌控着课堂上的一切活动。

（三）社团语言学习法

社团语言学习法（CLL），也叫咨询学习法。学生和教师都是社团中的一员，课堂上学生围坐成一圈，通过与其他成员的交流学习外语，教师则站在圈外为他们提供咨询。这种方法将外语学习过程比作病人就医咨询、寻求医生帮助的过程，重新解释了教师和学生在语言课堂上的角色，认为教师是咨询师，而学生是咨询者/顾客。社团语言学习法强调学习源自师生交流以及生生互动，成功的学习是包括老师和所有学生在内的整个社团的成功。在这个学习社团里教师是提供建议、支持、帮助的咨询师，学生就如同带有问题的咨询者，教师帮助学生分析问题找到问题的根源，并通过鼓励与协助来消除学生可能出现的焦虑、挫折感等消极情感。

关于社团语言学习法的语言学理论基础，语言由一套包含语音、句子、语法的标准组成，外语学习者的任务则是理解目的语的基本音关系，从而建立起基本的语法结构。"语言是社交过程"把语言看成是一种人际的信息交流工具，信息的交流体现在师生互动和生生互动两种互动方式之中。学习者之间的互动通常在内容上是不确定的，因而重在情感交流，通过交流学习者之间越来越熟识，形成一个学习者社团，学习者渴望成为其中的一员而增强学习外语，和同伴共同进步的动机。

师生之间的互动要经历五个阶段：第一阶段是婴儿阶段，学生完全依赖老师，重复老师所说的目的语言并倾听老师和其他学生之间的对话；第二阶段学生开始有了"自我"意识，学生能够使用学过的简单的词语来表达思想；第三阶段是儿童与少年结合期，学生开始独立讲话，为了维护自己的个性而常拒绝老师的辅导，属于不满和排斥阶段；第四阶段是容忍阶段，学生可以自我调节、自我管理，能够处理自己的焦虑，同时也开始关注教师的焦虑，师生形成互助互惠的关系；第五阶段是独立阶段，学生进一步完善自己的语言知识和技能，可以作为知者向其他学生提供建议和帮助。这个"社交过程"同时也是一个情感冲突的过程。

在心理学方面，社团语言学习法推崇"全人教育"的理念，强调真正的人类学习既包括认知因素，也包括情感因素，是认知过程和情感过程的统一。在学习的过程中，师生关系的发展是核心。教师要为学生提供一个安全的学习环境，有安全感的学生才能自由地参与语言学习和思想交流。师生间的相互理解和积极评价对于外语学习至关重要，可以用SARD这个首字母缩略词归纳成学习的心理要素：

S 代表"安全感"（Security）

A 代表"注意—进取"（Attention and aggression）

R 代表"记忆—反思"（Retention and reflection）

D 代表"辨别"（Discrimination）

换言之，当学生感到安全时才会产生动机，才能调动其认知资源参与学习；当一个人开始参与、注意所学内容时，才能更好地记忆和反思；当一个人能够记忆和反思时，才能对所学材料进行辨别，才能类推出语言各要素之间的关系，并把课堂上学到的语言知识运用到交际中去。

社团语言学习法的教学过程大致如下：第一，学生相互介绍；第二，教师介绍课程目的和原则；第三，进入目的语课堂活动阶段；第四，学生交流学习过程中的感受；第五，师生分析所抄写的语言材料中的词语和语法；第六，学生自由提问、抄写黑板上教师写下的语法分析。

社团语言学习法没有明确设定教学目标，只限于一般地培养听说能力，少数情况下有一些读写教学。不使用事先制订的教学大纲，没有确定的教材，由学习者决定学习内容。教师根据对学生的了解准备一些话题和词汇、句型加以引导，课堂内容因教师和学生的不同而不同。

社团语言学习法认为语言教学是一个社会过程，关注学习内容与学生生活的密切结合，学生主动大胆，课堂气氛轻松和谐。倡导全人教育的发展观，充分体现个体的价值，实现学习者认知与情感的统一。在不同的阶段，教师的作用也有所不同。在入门阶段，教师的职责是充当学生的顾问和翻译，允许学生把母语带入课堂，以锻炼他们的胆识和建立自信；随着学习者的不断进步，教师要对学习者的交流和讨论起监督作用，并及时提供帮助；教师的另一个重要作用就是建立良好的心理氛围，形成相互信任、相互依赖的人际关系。社团语言学习法重视学生学习外语的情感因素，尊重学生的表达意愿，然而却忽视了教师的指导作用。由学生决定教学内容，使得整个学习过程随意性太强，教学目的不明确，很难达到一定的教学效果。

另外，这种方法对教师的要求也比较高，教师要具备较强的母语和外语能力，要有较强的翻译能力，而且要经过特殊的咨询培训，所以并非一般教师所能胜任。社团语言学习法更适合于二语学习环境，虽然这种方法在我国的外语教学实践中很难具体实施，但仍然起到了开阔教育者视野的作用。教师可以吸取其人本主义理念的精华，构建师生之间、生生之间多层次的互动关系，营造良好的外语学习环境，使学生在有安全感的状态下调动认知资源，主动积极地投入到外语学习活动中去，更好地进行记忆、反思、辨别，提高实际的语言交际能力。

（四）全语言法

全语言教学法始于 20 世纪 80 年代中期，起初主要用于母语教育，后来被扩大应用于中学和成人教育阶段的外语教学，成为在欧美影响较大的一项教学改革运动。全语言教学注重将有意义的语言以全面的、完整的方式传达给学生而不应该把活的语言分割成语法、词汇、语音等部分来进行教学。因为，语言是不可分割的，当语言被分割得支离破碎时，就不再是语言。全语言教学理念强调，外语教学要以学生为中心，注重教学从学生的兴趣、需要、能力、目的、学习风格和学习策略出发，调动学生的主动性和积极性，注重语言的实践性，让学生有目的地学习和使用语言。

全语言法将语言看作人类交际的工具，语言的使用始终发生在社会情境之中，这条原则既适用于口语，也适用于书面语；既适用于母语，也适用于外语。语言具有个人性和社会性：它服务于思考和交流。语言的听、说、读、写等技能，都需要在真实的环境中学习，使得学习者在社会语境中完成表达和交流的目的。

全语言教学法的学习理论是人本主义和建构主义的。全语言法的特点被描述成：真实的、个性化的、自我指导的、合作的、多元的。人本主义的学习理论强调一个宽松的学习环境。教师只有与学生建立起良好的人际关系方能起到促进作用。教师首先必须真诚，抛开无所不知的面具，真正信任、接纳和鼓励学生。建构主义的学习理论强调教学指导的"协商性"，认为知识是在社会互动中建构起来的，而非接受或发现的。教师的作用是提供帮助，但要发现学生在哪些方面最需要帮助。教师的任务不是要完成教学计划，而是要以学生的经验、需求和兴趣为出发点，为学生提供帮助，促进其语言能力的提高。

1. 全语言的教学理念

全语言的教学理念包括六"全"因素：全学习者、全教师、全语言、全技能、全方法、全语言环境。

（1）全学习者。全语言教学法面对的是全学习者，它考虑的是学习者的全部：包括学习者的需要、兴趣、特长及其弱项。全语言教学必须是为了学生，反映学生的需要，发挥他们的特长，帮助他们克服弱点。

（2）全教师。全教师在学生眼中不是权威，而是以理论为指导，与学生一起学习，胸怀开阔，把学生作为完整的人对待，教学中时刻牢记学生的需要与兴趣。

（3）全语言。全语言是指语言的各个方面，包括全文及全语言技能。全文不一定是整本的原文书。任何书写的东西，只要它在恰当的场合中意义是完整的就是全文。

（4）全技能。全技能包括听、说、读、写，不应把这些技能分割开来教；教学的焦点应集中在提高学习者的综合技能。

（5）全方法。全方法是指不要把方法与学习过程分离。教学方法的选用应根据学习情况的需要。

（6）全语言环境。全语言还包括全语言环境，语言技能的发展是语言目标和社会环境共同作用的结果。

2. 全语言的教学原则

全语言教学设计体现了下列教学理念和指导课堂活动的教学原则：

（1）使用真实语料进行阅读，而非为单个训练阅读技巧而编制的文本和练习材料。

（2）强调真实自然的事件，而非与学生生活体验无关的编写出来的故事。

（3）阅读学习者感兴趣的真实语料，如文学作品。

（4）为理解而阅读，为真实的目的而阅读。

（5）为真实的读者而写作，并非简单地训练写作技能。

（6）写作是学习者探索和发现意义的过程。

（7）使用学生自己创造的语料，而非教师编制的，或其他商业化的出版教材。

（8）读、写和其他语言技能的综合。

（9）以学生为中心的学习：学生有权选择阅读和写作的内容，赋予学生权利，理解学生的世界。

（10）强调合作，与同伴一起阅读和写作。

（11）鼓励冒险和探索，将学生的错误看作学习的发生，而非评判成败的依据。

（五）多元智能法

多元智能法源于美国心理学家霍华德加德纳提出的多元智能理论模型。传统的智能理论认为人的智能是单一的、不变的、与生俱来的，人们常用来测试智商（IQ）的斯坦福–

比奈量表涵盖的只有语言智能和逻辑智能。新兴的智能概念提出人的智能结构是由八种智能要素组成：

第一，语言智能：创造性地使用语言的能力。律师、作家、编辑、译员常常具有较强的语言智能。

第二，数理逻辑智能：理性思考的能力。医生、工程师、程序员、科学家常常具有较强的数理逻辑智能。

第三，视觉空间智能：感知视觉空间世界的能力。建筑师、装修师、雕刻家、画家常常具有较强的空间智能。

第四，音乐智能：感受和创作音乐的能力。歌唱家和作曲家常常具有较强的音乐智能。

第五，肢体运动智能：动作协调性强。运动员和工匠常常具有较强的肢体运动智能。

第六，人际智能：关于与人合作的能力。推销员、政要、教师常常具有较强的人际智能。

第七，自我认知智能：认识、了解自己并能成功地发挥自己的才能的能力。各个领域中的成功人士常常都具有较强的自我认知智能。

第八，自然认知智能：认识、了解大自然的能力。

多元智能理论以学生为中心，重视学习过程，注重通过丰富的教学活动形式培养学生的多方面能力。这一理论被运用到学校教育的多个环节，成为教学改革的一个重要指导理论。依据多元智能理论，语言教学应该摈弃对语言智能狭隘的理解，应该作为全人教育的一部分；通过语言学习，除了提高语言智能外，还应该开发与发展其他智能。语言学习依赖于人的多种感官，并与其他智能有着密切的联系，如语言的节奏、语调、音量、音调就与音乐能力有密切关联。

每个学生都可能具备多项智能，但又存在个体差异，教师有必要设计不同的课堂活动以促进学生的语言习得，同时帮助学生认识到自己的潜能。在教学实践中，教师可以列出常用的课堂活动，然后根据不同的智能类型进行分类。这样就能清楚意识到教学中哪些智能得到了重视，哪些智能却被忽视了，从而改进教学活动，促进学生多元智能的锻炼与发展。针对各项智能类型，建议采取不同的课堂活动，分别为：①语言智能：记笔记、讲故事、辩论；②数理逻辑智能：谜语和游戏、有逻辑性的陈述和分类；③视觉空间智能：图表、视频、画画；④音乐智能：唱歌、演奏、（爵士乐）节奏训练；⑤肢体运动智能：手工、实地考察、演哑剧；⑥人际智能：对子活动、项目任务、小组合作；⑦自我认知智能：自我评价、记日记、自主选择家庭作业。

多元智能法没有明确表述其语言教学目标，而是强调将语言课堂当作一个重要的教育场所，学生在这里了解自己的学习经历，认识自己的智力潜能，并设计自己的学习方式，最终成为一个有目标的、快乐的学习者，成为一个对自己学习负责的人。教师首先要理解和掌握多元智能理论，并致力于在语言教学中实践该理论。教师在多元智能理论的指导下，开发课程，设计教学，组织课堂活动。教师还要突破时间、空间和教室资源的限制，成为一个优秀的演奏家，让学生的不同智能因素得到最大限度的激活与开发。学习者应该认识到自己不仅仅是语言学习者，还应该将语言学习看作人格发展的一部分。多元智能课堂旨在促进全人教育，致力于创设环境，使学生成为全面发展的、善于学习的个体。

多元智能理论强调学习者的个体差异，并倡导教学要针对这种差异而进行设计。尽管多元智能法的理念十分具有吸引力，但如何将之运用到外语教学中，目前还缺乏更具说服力的关于教学实践的报道。然而，教师可以将其理念融入教学中，了解学生的智能特点，设计多种活动，提供机会让学生扬长避短、取长补短。

第二节 任务型与内容型英语教学法

一、任务型英语教学法

任务型教学法自 20 世纪 80 年代产生以来，一直备受瞩目，它将"任务"置于课程规划的核心地位，认为学习者通过完成特定的课堂任务而习得外语，并将交际法语言教学重塑为基于任务而不是基于语言的交际法教学大纲。

任务型教学法的普遍定义为：以具体的学习任务为学习动力或动机，以完成任务的过程为学习过程，以展示任务成果的方式来体现教学效果的教学方式。任务型教学法强调学习过程，重视培养学习者的交际能力和综合运用语言的能力，同时也不忽视语言知识教学。

（一）任务型教学法的理论分析

任务型教学法的理论基础是苏联心理语言学家维果茨基的语言和学习理论。他强调语言学习的社会性以及教师和学习者对促进个体学习的重要作用。语言的获得首先是人与人之间相互作用的结果，然后才转变为自己的知识。学习是一种有社会真实性的协同努力，在其中"师生"共同参与有明确目标导向的互动性任务。

任务型教学法的理论依据还包括互动假说、输出假说、有限容量假说和认知假说等。互动假说强调语言习得中的互动，即意义协商，在二语习得中的决定性作用。意义协商就是当沟通理解发生困难时，交谈的双方必须依据对方理解与否的反馈，进行诸如重复、释义、改变语速等语言上的调整，从而使得输入变得可理解。互动假说关注选择性注意和负面反馈在语言习得中的作用。

输出假设提出对输出的关注可以促进二语习得，给学习者提供语言输出的机会是语言发展的关键所在。在目标语输出的过程中，学习者会注意到"知"与"不知"，"会"与"不会"之间的距离，进而了解自己对外语的掌握情况。输出还为学习者提供了在运用中尝试新语言的机会，并对外语的结构形式进行反思。有限容量假说指在注意力有限而需要关注的语言侧面不止一项（如语言精确度、语言复杂度、语言流利度）的情况下，学习者会进行优先排序，将注意力更多地投入某一项中去。认知假说是基于一语习得提出的。在一语习得的发展过程中，概念化发展为其创造了条件。

"任务"对二语习得过程产生的促进作用主要包括：①任务能提供意义协商和理解输入的语境；②任务能就学习者的输出提供吸纳纠正性反馈的机会；③任务能提供整合内化修订过的输入的机会；④任务揭示自身输出与源输入之间的差距；⑤任务的认知要求能将学习者注意力集中到特定形式上，促进语法化过程和输出的精确度；⑥认知要求低的任务促进自动化过程和输出的流利度；⑦认知要求高的复杂任务促进句法化程度和输出的复杂度；⑧任务的认知要求能促进概念化重塑；⑨任务排序能强化记忆，以上情况必须建立在具体的交际语境之上。

上述结论体现了任务型教学法研究发展的轨迹，即从起初关注如何通过互动和意义协商促进对输入的理解，转为如今关注如何促进对输出的注意和更接近目的语的言语输出。

（二）任务型教学法的主要特征

对任务特征分类的研究主要考察哪些特征对互动和习得最有影响力，以利于教学任务设计。可以根据语言的复杂性、认知的复杂性和交际的紧张度来划分任务的难度。也可以从输入、任务条件、认知加工过程和任务目标等四个方面描述任务特征。

输入包括四个变量：媒介、语言复杂性、认知复杂性和信息熟悉度。

任务条件包括三个变量：参与者关系、任务要求、完成任务所涉及的话语模式（对话或独白）。

认知加工过程指完成任务所涉及的认知加工层次，从信息交流，到进行推论，再到进行观点的交锋。

任务目标包括三个变量：媒介（通过图画、口头或书面语展示结果）、任务结果是开放式的还是单一解决方案、任务结果所涉及的语篇模式（描写、叙述、分类、指示、辩论等）。

任务难度由二语学习者的个体差异引起，是一种个人因素，具体包括情感因素和能力因素两个维度。例如，学习动机强的学习者比学习动机弱的学习者更能高效快速地处理信息，学习者的语言能力和智力水平决定了他们完成任务的困难大小。而任务复杂度取决于任务对学习者的认知加工要求，是一种客观因素。一项既定任务对不同学习者而言难度不同，但任务复杂度是相同的，因为任务复杂度受任务本身的结构和设计影响，与学习者个人能力无关。

将任务复杂度进一步细分，可以分为"资源导向"和"资源分散"两个维度。在完成二语任务过程中，两个维度对学习者注意力资源的分配产生截然不同的影响。在资源导向维度上增加任务复杂度能够将学习者的注意力资源导向特定的语言结构和形式，使产出的语言更加准确和复杂。在资源分散维度上增加任务复杂度则会消耗学习者更多的注意力和工作记忆，使学习者分配给语言形式的注意力资源相对减少。学习者可以调用多重注意力资源，任务复杂程度的提高也有可能使学习者的表现得到提升，因此学习者对形式和内容的关注并不一定是矛盾的。

任务型教学法也可以区分为两种任务类型：真实任务和课堂教学任务。前者指那些基于学习者需要而设计的模拟真实交际而进行演练的任务（如，"制订假期出游计划"包括决定目的地、预订航班、选择旅馆、预订房间等系列任务；而"申请高校"则包含更多的任务：写申请信、回复信件、咨询经济资助、选择课程、电话或网络注册、支付学费等）；后者指那些基于二语习得研究，但不一定能反映真实交际而设计的语言学习任务。

从教学的角度，可将任务型教学法分为六种任务类型：列举、排序、比较、解决问题、分享个人经历和创造性任务。创造性任务指较为复杂的任务或项目，通常需要分几个阶段完成，有时还要做一些调查。

从认知的角度，可将任务型教学法划分出三种任务类型：①信息沟任务，指对所给信息进行由此及彼的传递，由一个人传递给另一个人，或形式上的转换（如将文字信息转换成图表），或时空的转换，涉及对语言的解码和编码；②推理沟任务，指根据所给信息通过推理、演绎，或对关系、模式的识别等过程推导出新的信息，如根据班级课表推导出教师的课表；③观点沟任务，指针对所给情景，明晰地表达个人喜好、感受或所持态度。例如，续编故事、参与讨论等，这类任务的结果通常是开放式的。

任务型教学法的三个步骤：①任务前活动（Pre-task）；②任务环（Task-cycle，包括任务、计划、报告）；③任务后活动（Post-task，包括聚焦于语言形式的分析和操练）。

在任务型语言教学中，教师是任务的选择者和决策者，要根据学生的需要、兴趣及语言水平设计、选择任务并决定任务顺序。在引导学生进行完成任务的活动时，教师还扮演着多重角色，如参与者、组织者、协调者、评价者等。在学习语言的过程中，教师还承担着培养学习者的语言意识的责任。学生是小组活动的参与者、监控者、探究者和发明者。在完成任务的过程中，学生会观察自己和同伴的表现，监控自己和他们使用语言和学习策略的情况，并尝试用最好的办法去解决问题。

任务型教学法自诞生以来，已经被广泛地运用于全世界的语言课堂中，"任务"已经成为许多教学流派语言教学主流技巧的一部分。然而，关于任务型教学法是否比其他教学方法更有效，尚缺乏有力的证据。在实际教学过程中，以"任务"为基本单位组织教学，也还存在一些问题，如任务选择、任务排序、任务评价等仍需进一步地探讨。通过分析亚洲语境下任务型语言教学的相关研究，可以看出任务型教学法在亚洲语境下的实施存在一定的困难，因为它与亚洲的文化语境、语言教学的传统观念及语言教学条件的限制等存在一定的冲突，他们建议在实施该教学法时应结合亚洲的社会文化进行折中化和本土化，并致力于构建课堂内外自然与真实的语言实践环境。

二、内容型英语教学法

20 世纪 80 年代以来，内容与语言融合学习法（CLIL）受到了关注，以沉浸式教学法和内容型教学法为两种最具代表性的教学范式。内容型教学法与交际法具有相同的心理学和语言学理论基础，是交际教学法的一种。与交际法所不同的是，内容型教学法对于学习输入的内容非常关注，主张围绕学生需要掌握的课程来组织语言的教学。可以将内容型教学法定义为一种主张围绕学生所学的学科内容而展开教学的交际语言教学形态。它强调围绕学生需要获得的内容或信息，而非语言或其他形式的大纲来组织教学，以达到内容教学和语言教学互相促进、共同提高的目的。

内容型教学法的语言观主要有三点：第一，语言是一种获取信息的工具，而信息是在语篇中建构和传递的，因此，语言教学要以语篇为基础。第二，在现实生活中，听、说、读、写四项技能是不能分开使用的，因此，语言教学也应把四项技能综合起来培养。第三，语言的使用是有目的的，因此，学生在学习过程中要清楚所学语言材料的目的，并使它与自己的目标联系起来。内容型教学法强调关注语言技能以外的能力和素质，因为语言本身是个符号系统，它无非是一种排列组合，本身的深度和美感来自它"运载"的内容。

(一) 内容型教学法的核心观点

内容型教学法关于学习理论的一个核心观点是：只有当语言被用来作为了解信息的途径而不是为了学习语言本身时，语言习得才能成功。由此核心原则衍生出下列观点：

第一，只有当学习者认为所学习的内容有趣、有用而且能指向预期的目标时，语言习得才能成功。如果学习内容与学习者的实际需要紧密相关，就能增强学习者的动机，促进更有效地学习。另外，当学习者的注意力集中在思想、看法、观点等，而非语言形式上时，学习者具有更强烈的学习动机。

第二，某些领域比其他领域更适合于作为内容型教学法所依托的学习材料。地理通常被认为是学科学习与语言学习相结合的最佳选择，因其具有高度的视觉性、空间性和情境性，对地图、图表、模具等辅助材料的使用，以及用大量描述性语言开展教学的特点。

第三，针对学生需要的教学才能取得最好的效果。内容型教学法强调学习的内容应该根据学生的需要来选择，如选择真实语料（学生会在生活中遇到的、书面的或口头的材料）作为教学设计的出发点。对于特殊用途或学术用途的培训课程，要基于学生具体的行业需求或学术需求。

第四，教学应建立在学习者已有经验之上。学生进入课堂时，大脑不是一块白板，而是已经具备了一定的学科知识。

(二) 内容型教学法的主要模式

内容型教学法的倡导者们开发了多个中国企业品牌竞争力指数（CBI）项目，探索出多种教学模式。可以将内容型教学理念描述成一个连续体，一端是内容驱动型教学（content-driven）；另一端是语言驱动型教学（language-driven），在这两极之间存在着多种教学模式，语言与内容有着不同的权重，见表2-1。

表2-1　CBI教学模式连续体

内容驱动型	→	保护式教学	←	语言驱动型
沉浸式教学	部分沉浸式教学	保护式教学	附加式教学	主题式教学
完全用二语为媒介教授学校课程	主要用二语为媒介教授学校课程	由学科教师教授课程，但学生均为二语学习者	专业课加语言课	围绕学生感兴趣的主题进行教学

完全和部分沉浸式教学以内容为主导，利用二语作为媒介，教授正规的学校课程，它的有效性更多地取决于学生对内容的掌握，语言的掌握是一个副产品。保护式教学的授课

对象是非本族语者，由学科领域专家担任教师，但在授课过程中需要关注学生的外语水平，调整教学话语使教学内容更容易被学生理解。

此外，教师还需要选择适合于学习者难度的教学材料，并根据学习者的语言能力调节课程要求。附加式教学强调语言学习和内容学习同等重要，附加式教学中的语言和内容融合可以通过团队合作来实现，即语言教师负责学术读写等语言技能，内容教师则负责学术内容的讲授。主题式教学通常在二语或外语教学情境中进行，课程大纲围绕主题或话题，如环境污染、妇女权益、医药卫生等来组织，最大限度地利用内容来传授语言技能。从表2-1中可以看出，偏向于内容驱动型的教学模式要求学生具有中级或更高的语言水平，以及相关的学科内容知识；偏向于语言驱动型的教学模式与传统的语言教学更为相似。

内容型教学法秉承"做中学"的教学理念，鼓励学生进行自主学习、合作学习和体验学习。这就要求学习者扮演积极的角色，积极地理解输入材料，有较高水平的歧义容忍度，愿意探索新的学习策略，多角度阐释口头或书面语料。学习者也可参与到学习内容和活动方式的选择当中，为学习内容提供资源。学习者要对内容型教学有十足的信心，积极适应新的角色，成为一个合作型的、参与型的自主学习者。

内容型教学模式下，教师应该兼具语言和专业内容两项专长。这是一个巨大的挑战，因为教师可能是语言专家或某个学科领域的专家，但在这两方面都擅长的人可能少之又少。一个成功的 CBI 教师，必须具备下列知识和技能：学科内容知识、学科教学技能、外语知识、外语教学技能、教材的开发和选择、教学评估等。相应地，CBI 教师集多种角色于一身：需求分析者、课程设计者、教材编选者、合作者、研究者、评估者等。

内容型教学法通常选择真实语言材料作为教材，这个真实性一方面指本族语学习者所使用的教材；另一方面指来源于报纸或期刊杂志上的文章，并非为语言教学之目的而编写的材料。与真实性相矛盾的是，内容型教学法还必须考虑到学习者的语言水平，教材要具有可理解性，因此，对教材进行一定程度的语言上的简化和冗余的解释也是必要的。总而言之，教学材料既要具有真实性，又要具有可教性。

内容型教学法的优点在于：语言的形式、功能和意义没有被分裂开来；学生的动机增强、兴趣提高且确保了对认知有较高要求的课堂活动，从而丰富了学生的认知发展。从早期的专门用途英语课程到沉浸式课程，内容型教学法已经被应用到各个层次的语言教学项目当中，如高校生外语课程、商务外语课程、职业外语课程等。然而，内容型教学法在应用中也存在着一些局限性。最突出的是师资问题，兼具语言知识和学科知识的教师非常匮乏。其次，内容型教学法在多大程度上可以帮助学生发展其语言技能，因为学习者会首要关注学科内容的掌握，而忽略语言使用的准确性。鉴于学习者需求的多样化，很难开发市场化教材，这会导致教师花费大量时间甄选材料。另外还有评估方面的问题，是评价学生对学科知识的掌握，还是评价学生的语言能力。

第三节　英语教学的认知法与听说法

一、英语教学的认知法

认知这个术语来自学习心理学。如若想了解认知法①的确切含义，就需对认知心理学做些必要的解释。学习理论最初分为两大派。一派是联结说，另一派是领悟说或称为格式塔。到 20 世纪 60 年代，前者发展成行为主义，后者发展成认知学习理论。认知学习理论是作为"刺激反应"行为主义学习理论对立面而出现的。认知一词最早是承认父子关系的法律用语，后来又用于哲学，表示"认识"的意思。它用于心理学意义却完全不同，具有独特的含义。心理学的认知概念就是"知道"的意思，而"知道"则有感觉、知觉、记忆、想象的意思，构成概念、判断、推理等意义。

认知心理学研究的问题有：知识的性质是什么，知识是如何获得的，知识是怎样运用于创造性活动的等。与上述问题有关的理论称为认知学习理论。

认知心理学家重视感知、理解、逻辑思维等智力活动在获得知识中的积极作用，试图把认知心理学的理论用于外语教学，因而称为认知法。

认知法也叫"认知—符号"法，这种教学法是关于在外语教学中发挥学生智力作用，重视对语言规则的理解，着眼于培养实际而又全面地运用语言能力的一种外语教学法体系或学习理论，因而也称为"认知—符号"学习理论。

（一）认知法的原则

第一，注重培养学生的语言能力。从表面来看，认知法的教学目的与直接法和听说法一样，都是为了使学生的语言能力能接近于本族语学习者的水平。但是，认知法主要表现在听说读写四种技能之中，它所指的"语言能力"是转换生成语法理论中主张的内化语法

---

①认知法，是美国 20 世纪 60 年代中期产生的教学法。这种教学法是作为听说法的对立面而产生的。20 世纪 60 年代科学技术飞速发展，国际间的政治、经济、军事、科技各个领域的激烈竞争，要求大量能够直接进行国际间科技文化交流的高水平人才，以培养口语能力为主的听说法已不适应这种形势发展的需要，外语教学界要求用新的方法代替听说法的呼声越来越高；此时，美国的心理学、教育学、语言学等基础理论学科也有了很大的发展。这就为创立新的外语教学法体系提供了坚实的基础。

规则的能力，而直接法和听说法注重培养学生口语表达的能力。

第二，注重培养学生的创造性思维。认知法的一个重要特点是反对机械模仿，注重培养学生的创造性思维，鼓励外语学习中的创新精神。因此，认知法要求让学生明确每一堂课，甚至每一次练习的教学目的，使学生能在明确教学目标的基础上创造性地学习，无论是学习语言知识还是技能训练都强调对内容的理解。

第三，注重学生的认知活动。认知法明确指出，外语教学应以学生的认知活动为主，教师不是课堂的中心。运用直接法和听说法的教师经常主观设计各种教学环节和授课方式，认知法却要求教师在备课时要结合学生的认知特点，根据学生的认知能力进行教学。

第四，注重语法教学。认知法的教学重视语法，必要时可用母语进行教学。它不同于语法翻译法大量使用的演绎法，认知心理学强调教学必须遵循学生的认知，注重掌握知识的认识过程。然而，认知法的语法教学又与语法翻译法不同，它要求通过有意义的练习以达到此目的。

第五，适当地使用学生的本族语。在初级阶段，学生的本族语使用得多一些，允许必要的适当的翻译。这样，通过对比确定两种语言的难点和重点，用学生的母语解释一些难以理解及接受有困难的内容来帮助学习。

第六，分析学生出现的错误。教师要正确对待学生出现的错误，分析出现的各种错误，对影响交际的错误加以纠正，忽略一些小的错误，更不要指责学生。过多地纠正或指责容易使学生产生羞愧、怕出错的心理，甚至丧失学习的兴趣。

（二）认知法的优缺点

在外语教学法的历史发展过程中始终存在翻译法与直接法两大派别的斗争。到20世纪60年代这两大派发展成为认知法（作为翻译法的现代形式）与听说法（作为直接法的现代形式）的问题。认知法主要表现在以下方面：①语言是受规则支配的创造性活动；②重视语言规则，特别重视对语法规则的讲解，主张在理解规则的基础上进行语言活动；③在学习声音的同时学习文字，四种语言技能从一开始学习外语就同时进行训练；④必要时可利用母语；⑤依靠分析进行学习。

认知法作为听说法的对立面而产生，因而它一出现就受到外语教学法专家和广大教师的重视。20世纪60年代中叶，在美国广泛开展了认知法的试验工作。此外，用认知法进行外语教学的班级在听说读写各方面都强于用听说法进行外语教学的班级，自学、阅读能力尤为突出，进度快、学习量大。

认知法的出现是历史的必然，它的产生有其社会根源和科学基础。这些问题我们在前面已经叙述过。值得注意的是：提出认知法，倡导认知法，从理论上阐述认知法的几乎都是心理学家，以往的教学法都忽略对学习者心理的研究，正因为认知法的倡导者们是心理学家，所以认知法才把外语教学法建立在心理学理论，主要是认知学习理论基础之上，从而使外语教学法走向健康的发展道路。

认知学习理论，即认知心理学是当代心理学的一个重要学派。它吸取了大脑生理学、信息论、语言学的最新科学成果，认知心理学作为认知法的理论基础，无疑使外语教学法建立在更加科学的基础之上。从心理学（其中包括教育心理学、语言心理学、掌握外语心理学）理论论述外语教学问题，这是认知法对外语教学法的最大贡献。

二、英语教学的听说法

20 世纪 40 年代，美国结构主义语言学家一方面研究本国人学习外语的问题；另一方面又研究外国人学习英语的问题。教学法专家在总结 20 世纪 40 年代以来美国的外语教学时，提出了各种教学法名称。听说法①或口语法是一种旨在掌握口语的教学法体系，采用听说法进行教学，要求从大纲、教材的编写到教学方法、技巧的运用都必须遵循听说法的原理和原则，换言之，要根据这种教学法的途径、路子和理论来指导外语教学的全过程。

（一）听说法的原则

根据结构主义语言学和行为主义心理学的理论可把结构主义语言学家提出的听说法基本教学原则归纳为以下方面：

1. 听说领先的原则

语言，首先是有声的，文字只不过是记录说话的符号。口语能体现语言的交际功能，在言语活动过程中由于有语调、节奏、重音等语言手段，所以交际双方更能充分交流思想。这些语言手段恰恰是书面语所没有的。听说是一切言语活动的基础，读写是在听说基础上派生出来。所以，口语是第一性的，文字是第二性的。听说训练成功，就有利于读写能力的培养。因此，外语教学应把口语摆在第一位，把读写摆在第二位，即以听说为主、读写为辅。在学习语言的初级阶段尤应如此。在外语教学中要让学生通过听说学会听说，为此，应当把课堂教学大部分时间放在听说练习上。听说读写的教学顺序是先听说，后读写，即我们通常所说的听说领先。在外语教学的入门阶段要先进行一个时期的专门听说训练，然后再接触文字。入门阶段以后，每教一课课文的句型、对话和课文，也需先从听说

---

①听说法（audiolingual method），又称"口语法""句型法""结构法"或"军队教学法"。这是一种强调通过反复句型结构操练来培养口语听说能力的教学法。

入手，然后教读写。早期的听说法是听说遥遥领先，读写迟迟跟不上（如进行半年乃至一年听说训练，之后才接触文字），因而听说与读写相互脱节。现代听说法在这方面有所改进，虽然强调听说领先，但在学生奠定听说基础以后，就适时地进行读写教学，使读写促进听说。

2. 反复实践的原则

结构主义语言学家认为，语言是一套习惯的体系，学习语言就是养成一种习惯。语言习惯习得的过程犹如动物的行为一样，是一种"刺激—反应"的过程。学习母语由于在日常生活中反复模仿、记忆、操练，语音、词汇、语法结构达到不假思索脱口而出的程度，形成了自动化的习惯。学习外语是培养一套新的语言习惯。外语习得与学习母语一样，要靠大量练习，需要反复实践。综上所述可知，语言习得不是学习语言知识的问题，而是实践掌握的问题。在教学中要让学生把大部分时间用在模仿、记忆、重复、交谈等实践练习上。反之，把宝贵时间花在讲解、谈论外语知识上，只能是浪费时间，事倍功半。后期的听说法并非完全否定语言知识对外语学习的促进作用，但他们主张语言知识要在操练句型的基础上通过归纳的途径掌握。

3. 以句型为中心的原则

结构主义语言学家对语言进行描写，发现语言现象虽然庞杂，但都是由不同层次的结构组成的，而句型却是语言的基本结构。所谓句型，概括而言，即是从无数句子中归纳出一定数量的句子模式。句型不仅具有结构意义，还具有词汇意义和社会文化意义（弗里斯把人们说某一句话的实际情景称为社会文化意义）。句型是语言教学的基础，也是整个外语教学的中心部分。无论是语言材料的安排，抑或是语言技能的培养都需围绕句型这个中心进行教学。人们可通过操练句型来掌握外语，因此，在外语教学中要突出句型操练，要让学生通过反复操练句型形成自动化地运用每一个句型。

4. 排斥或限制母语的原则

结构主义语言学家认为，各种语言是不同的。一种语言的词义很难用另一种语言的词汇确切地表达出来。因此他们主张用直观手段、情景，借助上下文和所学外语直接释义，反对借助翻译手段讲解词义。在他们看来，翻译是一种运用两种语言的特殊技能。培养学生翻译能力不是初学外语阶段的教学任务，也远非初学者力所能及，只有到了学习的较高阶段，学生对母语和外语都有较深理解的时候，才能提出培养翻译能力的任务。

翻译是一种特殊的心理活动。在翻译过程中，在学生头脑里总是和两种语言打交道。翻译是一项复杂的脑力活动，实质是学生用两种语言进行思维活动。听说法既然把培养口语能力作为外语教学的首要目标，这就要求学生反应快，用外语进行思维，而利用母语或翻译作为教学手段，会妨碍学生在外语和思维之间建立直接联系，减慢学习外语的进程，对掌握外语口语不利。因此，听说法主张在外语教学中排斥母语，不用翻译手段。

值得注意的是，结构主义语言学家对母语在外语教学中作用的看法并非一致，初期或极端的听说法排斥母语、否定翻译，后期听说法则主张对母语要有限制地加以运用，在不得已的情况下可把翻译当作释义和检查理解的手段。

（二）听说法的优缺点

20 世纪 30 年代末、40 年代初，各国交往日益频繁，特别是第二次世界大战爆发后，美国军队急需掌握外语口语的人才。为适应这个社会发展的需求，听说法应运而生。由此可见，听说法的产生并非偶然，它是历史的产物。

1. 听说法的优点

听说法的历史功绩体现在培养了大批掌握外语口语的人才，满足了当时社会的需要。听说法由于效果显著给世界外语教学带来了深刻的变化。20 世纪 60 年代是听说法发展的全盛时期，在世界上享有盛誉，几乎成了外语教学界占支配地位的一种外语教学法。

听说法的产生从理论和实践两个方面促进了外语教学法的发展。在理论方面听说法把结构主义语言学理论应用于外语教学中，为教学法奠定了语言学理论基础，从而使外语教学法发展到了一个新的历史阶段。在实践方面，听说法与传统教学法相比有很大改进，它克服了翻译法重理论、轻实践，重读写、轻听说的弊端。听说法在教学法方面的成就主要表现在下列五个方面：

（1）强调外语教学的实践性，重视听说训练。

（2）建立了一套培养语言习惯的练习体系。

（3）把句型作为外语教学的中心。

（4）广泛利用对比方法，在对比分析母语与所学外语的基础上找出学习外语的难点，并在教学中有针对性地加以解决。

（5）广泛利用现代化教学技术手段。

2. 听说法的缺点

（1）强调机械性操练。听说法产生于 20 世纪 40 年代的美国，当时美国流行的行为主义心理学理论对听说法有很大影响。他们把人和动物等量齐观，把外语学习看成为如同训练动物"刺激—反应"养成习惯的过程。这样，他们便否认了意识的能动作用和智力在外语学习中的作用。在这种理论指导下听说法过分重视机械性训练，忽视掌握语言基础知识和活用语言能力的培养，因而不利于学生实践掌握外语。

（2）重语言、结构形式，轻语言内容、意义。传统法以语法为纲，听说法以句型为纲，这两个纲实际都是以语言形式为纲。根据这个纲，语言材料的选择与安排多半从语言结构形式出发，不甚考虑其内容和意义。

第四节 英语教学交际法与情景教学法

一、英语教学交际法

交际法（communicative language teaching）初创时也称作功能法（functional approach）。功能法是以语言功能项目为纲，以培养背景能力为目的的一种教学方法体系。

语言在社会中的功能是指语言行为，即用语言叙述事情（做事）和表达思想。人的语言行为，用语言做事和表情达意是从表达思想内容出发，这个思想内容是表达出来的，而不是从语言形式出发，思考这个语言形式是表达怎样的思想内容。例如，表示询问、介绍、能与不能、喜欢或不喜欢、请求、邀请、正确或错误、同意或拒绝、感谢或道歉、希望与失望等。由于功能法又以意念项目为主要线索组织教学，所以它又叫意念法（notional approach）。意念是功能作用的对象，是指从特定的交际需要和目标出发，规定所要表达的思想内容。

（一）交际法的原则

1. 师生关系

交际法在处理师生关系问题上主张学生是学习中的决定性因素，外语教学需要在学生学的基础上研究和实施教师如何教。外语教学需充分研究学生第二语言习得的心理过程，阐明学生外语学习的认知过程，学生如何通过语言理解和表达思想，语言又如何与思维过程相联系等问题。交际法认为，外语教学质量的高低取决于教师和学生、教学目标、教学内容和教学方法等诸因素综合作用的结果。不过，在诸多因素中学生是内在因素，内因起决定性作用。因此，交际法强调学生为外语教学的中心。外语教学需从学生实际需要出发，确定教学目标，精选教学内容和教学方法。根据教学目标选择教学内容和制订教学方法。

2. 建立"单元—学分"体系

建立"单元—学分"体系，首先要调查与分析学生学习外语的需要，并按学生共同需要编成不同程度的小组，并为各个小组确定自己明确的教学目标。而各小组的教学目标又必须是互相联系的，相互成为有机的体系。其次，还应为学生提供必要的学习条件，使学生能最直接地达到教学目标。例如，设想五个学生 V，W，X，Y，Z 对外语能力有 a，b，c，d，e，f，g，h，i 等不同的要求。

3. 教学过程交际化

从学生使用语言进行交际的角度出发，交际法力求使教学过程交际化。

（1）把言语交际作为全部教学的出发点。要求课堂中所学外语都能在实际生活中运用。外语教学目标就是要教会学生创造性地、有目的地运用外语进行交际的能力，使学生能把所学语言知识在新的场合中重新组织，创造性地表达思想感情。

（2）力求使教学过程交际化。交际功能是语言最本质的社会功能。外语作为交际工具需通过外语交际活动和有趣的课堂教学活动才能更好地为学生所掌握。因此，外语教学要选择真实的言语、真实的情景和在真实的交际过程中使用语言。教学过程交际化要求选择适合社会言语交际的情景。真实、地道的言语材料需安排在合情合理、合乎社会交际情理的情景之中。情景要力求真实、逼真，以保证学到真实、地道的言语。外语教学要尽量做到外语教学过程交际化，因为仅有真实、地道的语言材料和真实、逼真的情景，还不能完全保证学生学会创造性地、有目的地使用外语的交际能力，只有做到外语教学过程交际化，才能使学生把外语作为交际工具来使用。因此，外语教学过程应尽量设计成两三个人自然地进行交际的过程，促进学生能用外语进行交际的愿望，并通过交际活动发展交际能力。

（3）强调学生方面。外语教学要重视学生，一切从学生的实际出发，充分让学生运用外语，耳濡目染才能掌握外语，因此，学生应多接触外语。在教学过程中，教和学两个方面，学的方面更为重要；教师和学生两个方面，学生更为重要。教师的任务是给学生提供和创造真实、逼真的言语交际情景和创造性地运用语言的机会，从而使学生在使用语言过程中自由表达他们的思想感情。

（4）在语段中使用语言发展交际能力。教学的基本单位不是以往各外语教学法流派中认为的单词、词组、语法或孤立的句子或一两句对话及其组成的课文或文段（text），而是语段（discourse）。文段单纯呈现语言形式，而语段才是为实现交际目的服务的。因为，学生在双向或多向的言语交际过程中互相影响、互相促进，它贯串在整个语段之中。

使用语言是指在语段中使用语言形式体系进行交际。那种把语言形式仅仅用作示例的做法只能称作用法。外语教学主要不是讲解语言规则的用法和机械地操练句型，而是在适当的言语交际情景中恰当地使用语言。

理解语言的用法和机械地操练句型，只能培养听、说、读、写技能，不能培养交际能力。交际能力不是听、说、读、写技能，但交际能力包括听、说、读、写技能。所以，外语教学应在语段中恰当地使用语言，从而培养言语交际能力。

（5）听、说、读、写是综合言语活动。首先，要把听、说、读、写技能看作是一种言语活动。作为交际工具的语言，既是口语形式，又是书面形式。学生学习口语和书面语同等重要。作为言语活动的听、说、读、写不可能是孤立的，它们必然是一种综合言语活动。例如，听和说常与读或写相结合。同样读和写也常与听和说相结合。在教学过程中，同时看到和听到语言形式比单纯听容易理解和记忆。因此，在语言掌握大体正确之后，口语和书面语要结合使用。同时，每种语言活动都应采取适合自己特点的不同方法。讲解和使用对话的方法与按图问答、叙述和查电话簿的方法不同。使用方法也要跟语言材料相协调，不能使用千篇一律的方法。言语活动必须体现目标，依据目标学什么，做什么。听、说、读、写四种言语活动的先后顺序，多少快慢都决定于目标，从教学的全过程来看，四种言语活动的先后顺序是无关紧要的。听说基础上培养读写能力与开始阶段突出书面语，而在后面的阶段进行听说训练，其结果可能是一样的。重要的是根据目标确定四种活动的适当比例。

技能有两种：理解技能和表达技能。从零起点的外语教学，一开始就应选用地道的语言材料。这些语言材料，有些要求能表达，而有些只要求理解。但表达是"功能—意念"大纲和教材的核心。教师要引导学生把所学语言材料语境和实际语境相结合进行交际。理解比表达容易掌握，理解要先于表达。但是，学习外语过分强调掌握表达能力，而忽视理解能力培养，也会影响多接触语言材料的机会和减慢理解语言材料的速度。学习外语的基础是广泛而深入地接触丰富的语言材料。重视培养学生的理解能力，既能发展学生理解能力，又能使学生接触更多的语言材料。事实上，掌握理解能力是在缓慢地、不断地向掌握表达能力转化。因此，听懂较长的会话或文章内容的大意和泛读理解读物的主要内容是一种极为重要的言语活动，它也能加速表达能力的掌握。从交流思想的角度来看，外语讲得流利较之正确更为重要。在交际过程中稍微有些错误，但不影响理解，使用所学外语的本国人也能听懂，这较之追求语言形式上的正确，却结结巴巴难于表达思想情感更为实用，更易达到交流思想感情的目的。

4. 发展专用英语（ESP）

专用英语是指掌握与某种特定职业、科目或目标相连的英语，它有两个明显的特点。

（1）有明确、特定的目标。有明确、特定的目标是指由于特定的职业：工程师、农艺师、售货员、医生、药剂师、炼钢工人……的需要，要求达到在本职业范围内使用英语的目标。或者学习英语是为了更好地学习数学、物理、文学、经济、工程、医学、电机和航空等各种学科的需要，要求达到在各科范围内使用英语的目标。

（2）有明确、特定的内容。有明确、特定的内容是指有关专门化的内容。根据学习者的不同目标、不同职业或不同科目的需要以及他们英语和专业知识水平，编写各种专用英语教程。各种专门化英语词汇、语言结构的频率和特性与基础英语之间有很大的区别。专门英语有其独特的词汇、用语和语言结构模式。

学习专用英语的目标是能在所学专业知识范围内用英语进行口头或书面交际。为了培养专用英语的交际能力，整个教学过程要求交际化。学生应在实际科技活动中学习和运用专用英语的独特用语和结构。诸如，阅读和翻译科技资料，听科技报告并记录要点，口头提问和讨论科学报告内容及写科技论文等。做到学中用，用中学，学以致用。

同一专业的科技人员，由于工作内容不同，学习外语的目标和掌握能力的要求也不一样。根据学员运用英语的需要，可以只求掌握一种或两种能力。有的只需掌握阅读科技资料能力，有的则要求阅读和翻译能力，还有的则要求口头科技交际能力。学有目的性，教有针对性，学以致用，能收到较好的教学效果。

5. 综合运用言语交际活动的要素

人们在运用语言交际时有八种要素在起作用。它们是：情景，功能，意念，社会、性别、心理作用，语体，重音和语调，语法和词汇，语言辅助手段。

（1）情景。学生需要说明哪些内容受情景制约。意念是学生对情景反应的产物。外语教学需选择与学生将来工作需要关系最密切的语言情景。为了挑选典型的语言情景，还必须考虑角色、场合和谈论的题目等各个方面。学生从将从事的工作出发，挑选语言情景，再从语言情景中挑选交谈所需要的题目，并进而确定怎样的语言形式适合于传递信息。例如，谈论的题目：关于个人身份，居住，职业，文娱活动，旅行，社交，健康与福利，教育，购物，饮食、服务业，外语和天气等。

（2）功能。功能是指语言行为，也就是用语言叙述和表达思想。语言功能项目很多，需选择其中最通用的功能项目。交际活动一般将语言功能分为六个主要范畴：①传达与了解实际情况：如判明、报告、纠正、询问情况等；②表达与获悉理智的态度：如表达同意或异议、接受请求或拒绝请求、记起或忘记某人某事、询问可能不可能、表达明确不明确和答应对方或请求对方许可等；③表达与获悉感情的态度：如表达喜怒、惊讶、希望、满意、失望、忧虑、意愿等；④表达与获悉道义的态度：如抱歉、原谅、赞同、反对、赞赏、懊悔、冷淡等；⑤请求：如建议采取某种行动、要求或指示别人做某事、劝告别人做或不做某事等；⑥社交：如打招呼、介绍、道别、提醒、敬酒等。

在实际言语活动中往往同时不仅仅使用一种功能项目。譬如，在了解对方所说的内容时，还可能表示惊讶或满意等。但在学习语言功能项目时，却需将它们区别对待。

（3）意念。意念分两类：普遍意念和特殊意念。普遍意念是指活用于各种语言环境的意念。这些意念是一组抽象的时间和空间关系。它们与功能项目相联系。例如，存在或不存在、在场或不在场、方位或距离、运动或静止等。因此，普遍意念常由一定的语法形式决定。

特殊意念因谈论的题目不同而有所区别。这些是由题目直接决定的词汇项目。因此，特殊意念是由实义词决定的。例如，谈论天气用 fair，sunshine，to rain 等意念；谈论菜单用 meat，ice cream，coffee 等意念。

功能项目、普遍意念和特殊意念三大要素在运用语言进行交际过程中紧密相连。例如，询问银行的位置：Where is the nearest bank？（最近的银行在哪里？）在这个句子中，询问（功能）银行（特殊意念）在什么方向或在什么地方（存在，普遍意念）。又如，Have you got any milk？（你有牛奶吗？）在这个句子中，询问（功能）有否（表示能力，普遍意念）牛奶（特殊意念）。

（4）社会、性别、心理作用。社会、性别、心理作用（social，sexual and psychological roles）是指人们交谈活动中谁同谁谈话，他们之间是怎样的关系和他们感觉如何等。这些因素不仅指不同的社会身份、职业等关系，还包括一个人在不同情况下所处的不同地位。它们直接影响说话人对使用语言的选择。例如，与别人交谈，可能是与陌生人、朋友、同事交谈。又例如，教师对学生是教师，对其他教师是同事，对校长或领导是下级等。这说明人们的交际活动都受到社会意识、社会法则的制约。因社会身份不同，说法也异。

（5）语体。语体（style）是指人们表达思想的态度和方式。人们根据各自所处的情境和身份，使用合适的语言形式。诸如，正式或非正式、严肃或诙谐、礼貌或粗鲁、肯定或试探等。譬如，家庭成员和朋友之间的谈话一般用非正式的谈话形式。英国语言学家夸克（Quirk）总结了严肃、正式、一般性（中性）、非正式和熟悉的五种语体。例如，医生对病人或病人的家属说话，用中性语体；医生对朋友或同事说话，用非正式语体；医生对妻子说话，用亲昵语体；医生写报告则用正式语体等。

（6）重音和语调。重音和语调（stress and intonation）是指人们交谈时的态度和情绪不仅表露在说哪些内容上，而且还表现在语音语调的升降上。人们说客气话的程度既与使用的语言知识有密切关系，也跟声调的升降相关。

（7）语法和词汇。语法和词汇（grammar and vocabulary）是重要的语言形式。语法是人们表达思想的手段。普遍意义常含有语法内容，并用比较固定的语法形式来体现。词汇是人们所需要的意义项目。这些词项常与特殊意念相同。这些词项是实义词。上述诸因素决定人们交谈时所使用的具体语言形式（句子结构、单词和短语等）。

（8）语言辅助手段。语言辅助手段（paralinguistic features）是指身体姿势、手势、面部表情和动作等。

（二）交际法存在的问题与优点

1. 交际法存在的问题

交际法需要进一步研究的问题有以下方面：

（1）如何科学地、系统地统计语言功能项目。交际法重视语言的功能。但如何科学地、系统地统计语言功能项目，有哪些确定语言功能项目的标准，而作为语言功能的范畴到底有多少，外语教学又需要多少语言功能范畴，怎样科学地安排它们的教学顺序。

（2）如何保证外语教学中的真实语言材料和真实情境。尽管语言材料来源于真实的话语，又安排在真实的情境中，但是，由于真实的语言材料和情境，一旦编成教材，也就变成了预设、固定、静止的语言材料和情境。这也难以应对千变万化的课堂交际活动的过程。因此，尽管交际法企图借助模拟情景、扮演角色、咨询和提供情报等交际手段，把教学过程变成交际化过程，但这些交际手段较之学习母语或在国外生活的自然情景中学习语言，总还带有些虚假性、人为性、创设性。

（3）如何协调语言功能项目与语言结构之间的关系。既然交际法以功能项目为纲，为了表达语言功能、进行交际活动，势必同时要出现各种难易程度不等的语言形态和结构。因此，语言形态和结构以难易程度安排与功能项目如何协调发展则需要进一步研究。

（4）难以达标在真实情境中用真实语言材料的交际能力。在学校课堂教学情境条件下，外语教学都是有目的、有计划、有组织地进行的，而存在的主要问题就是缺少或缺失真实的交际情境。因此，在学校课堂教学情境条件下达成在真实情境中用真实语言材料的交际能力的目标是极其困难的。

2. 交际法的四个优点

交际法吸取各流派之长。它既兼收了听说法根据难易程度安排语言结构，又并蓄了视听法在情景中操练外语等有效方法。交际法的优点有以下四个方面：

（1）培养学生掌握交际能力。以往各种外语教学法体系主要以语言形式为线索编写教材，而交际法则以交际能力为主要线索安排教材内容。它首先把语言看作是人们在社会生活中进行交际的工具，外语教学的目标是要培养学生掌握听说读写的交际能力。根据社会语言学的观点，语言要受社会、使用语言的人以及政治、经济和文化等多方面因素的制约。语言脱离了社会经济、政治和文化，脱离了使用语言的人就不称其为语言。而培养学生掌握交际能力最能体现语言的社会本质职能。

（2）促进专用外语教学的蓬勃发展。交际法促进专用外语教学的蓬勃发展。专用外语教学具有目标明确和针对性强的特点，从而缩小了所学语言材料范围，便于学生把精力集中在所学专业外语独特的结构和所应具备的外语交际能力之上，从而加速掌握专用外语。

（3）从学生实际需要出发，确定学习目标。以往各种教学法流派多半是以教师为中心，而交际法则转向以学生为中心。交际法根据学生使用语言的实际需要，确定其学习的目标。从教材内容到具体方法的选择都集中在完成所定学生学习目标之上。这样，便于学以致用，学用结合，收到良好的学习效果。

（4）教学过程交际化。从语言形式出发难以满足运用外语进行言语交际的需要。只有从语言是交际工具的角度出发，把外语教学过程变成言语交际的过程才能最终满足使用语言进行交际的需要。所以，交际法要求整个外语教学过程必须在真实的社会情景中使用真实的语言进行交际活动。在交际活动中，由于教学的阶段不同，采用的交际活动方式也不同。例如，初学阶段可采用语言游戏、扮演角色、咨询和提供情报等。中级阶段可采用扮演角色、课堂编讲故事、咨询和提供情报、写日记和写信等。高级阶段可采用模拟情景、解决问题和即席扮演角色、编讲故事等。交际法以学生为中心。因此，它要求学生在典型情景中亲自参与各种言语交际活动，而不受教师的制约和牵制。教师的主要责任在于组织安排好学生的交际活动，并帮助学生克服遇到的困难。从而使学生能积极、主动通过交际活动，发展交际能力。

二、英语情景教学法

要了解情景法及情景教学法，首先要对"情景"进行界定。情景就是人们进行语言交际活动中的所有内部条件和外部条件的总和。换言之，就是使用语言形式进行信息交流的社会环境。语言学家弗斯认为，语言环境对语言而言是人类交际活动中不能缺少的。要想更好地掌握语言功能，就必须创造真实的交际情景，让学生能够身临其境，同时增强他们的印象和兴趣。创建出一个情景，这种情景不但可以有效地训练学生的思维能力和其他品质的共同发展，同时能为训练学生语言提供必不可少的条件。我们通过重新创造或再现教材的情景来帮助学生理解和使用语言，并在模拟真实或者说更加接近真实的环境中来培养学生的语言运用能力。之所以情景的创设有助于学生对语言的运用，是因为具体的语言都必须在一定情景下使用。

情景法又叫作视听法，是指在直接法和听说法的基础上，利用视听手段形成的教学法，这种方法以情景为中心，通过视听手段来培养学生的听说能力。情景法强调耳、眼等器官以及大脑整体地去感知和认识外语材料，而外语材料的音、形、义和词、句、话也是作为整体让人感知的，因此，视听法又称为"视听整体结构法"。在教学过程中，教师可以再现不同的会话场景，通过语言、动作、神情及体态传递给学生，从而使整个教学充盈着一种和谐、融洽、振奋、饱满的情感气氛，从而以情激情，以情激趣，以情促知，以情育人。

（一）情景法的原则

第一，建立情景与外语间的直接联系。强调语言以情景为中心，与真实情景或设计的情景相结合，充分利用视听手段，让学生做出模仿行为，形成自动化习惯，创造出类似语言习得的学习过程，主要培养学生的听说能力。教学时，可以培养学生一边看图像一边听声音，尽量不使用母语，这样可以使情景的意义与所学外语之间建立起直接的联系。

第二，外语教学采用整体教学，强调语言内容的连贯性。用情景法理解语言材料是以整体结构形式实现的，方法是：首先听一段意思完整的对话，掌握它的语音、语调、节奏等整体结构，然后进行个别音素的训练。教学顺序是"对话—句子—单词—单音"。教学过程分为感知、理解、练习和活用四个步骤。

第三，日常生活情景对话是教学的中心。视听法是以小范围内 2~3 人之间日常生活情景对话为中心进行教学的。声音、图像俱现，能让学生置身于现实、自然的情景中，从而有助于流利地用外语进行交流。教学以口语为基础，学生以掌握准确的语音和语调为目的。情景教学法强调听说领先，读写跟上的原则，强调在某一场合下用一些常用的意思连贯的句子或句型，通过情景操练使学生掌握常用的生活用语，进而掌握正确的语音、语调和口语语感。

第四，视听并用，语言和情景紧密配合，以情景联系话语。视听法认为，音像结合，可以在情景的意义与所学外语之间建立起直接的联系，从而避免使用母语和书面语。学生看到情景和语言的配合，就会体会到学习外语的真实性，并感到自己学到的语言是具有实用价值的。通过音像结合，不仅可以让学生看到一定的情景，更可以让学生看到说话时的姿势和表情等，因此学生对语言的感觉一定要比单独听或从书面学习更加深刻。因此，为了学生更容易地学好语言，在外语教学上教师应该利用各种手段创设与所学内容相符的情景画面，让学生边练听说，边看画面，从而身临其境地学习外语。

第五，视听法的教学过程。视听法的教学过程包括四个步骤：感知、理解、练习和活用。

第六，应用情景教学法教学需要大量的准备工作。由于情景教学强调情景，所以教师需要准备大量的教具，为创设情景做准备。

（二）情景教学法的优缺点

情景教学法是优缺点并存的一种在听说法的基础上发展起来的教外语的方法。在听说法的理论基础上，情景教学法创设了具有自己特色的教学法。

1. 情景教学法的优点

（1）视听手段有利于学生对外语的理解。在英语课堂教学中，因为受时空条件限制，模拟表演创设的情境往往无法像想象中那么完美，那么在这种情况下就可运用录音、录像、投影幻灯等电化教学手段来移植情境，形象生动地将有关情景再现，做到声像结合、图文并茂，满足学生好奇、求趣、求新的年龄特点。教师把学生要学的对话融于情景中，可以加深学生对语言的理解，调动学生学习的积极性，帮助学生在语言与表达对象之间建立起联系，从而使学生更自觉、更有兴趣地进行英语交际活动。充分利用视听手段，把情景视觉与录音听觉相结合，使学生能同时观其形、听其声，调动左右脑的神经细胞，促进学生在所学的外语与实物之间建立直接的联系，能够增强学生学习外语的速度，从而培养外语思维的能力。学生一开始就能听到地道的外语，日积月累，有助于养成准确的语音和语调，以及遣词造句的习惯。学生在情景中深入了解角色，实践起来就会自觉主动，同时也可以将自己的才华充分展露，在相互评价中体现自我，提高对外语的理解能力。

（2）有利于学生获得感性材料。情景教学法的基本要求是要充分调动学生各种感官去感知学习的对象，要使学生能看到、听到，甚至摸到它们。作为一门外语而被学习的英语，更需要学生利用身体的感官全方位地感知它。

在情景教学过程中，教师要尽可能让学生运用各种感官去感知学习内容，如通过展示实物、图片、放映幻灯、教学电影等，帮助学生获得最大量的信息和感性材料，这可以把课文内容与实际情景、事物联系起来，从而使学生加深对学习内容的印象，形成正确而深刻的概念。

（3）有利于营造良好的语言环境。学生的注意力是重中之重。为了最大限度地避免分散学生的注意力，教师应该多采取受学生欢迎的教学方法，努力把课教得形象生动。情景教学法就是有效的一种教学方法。它设法创设各种生动有趣，贴近学生生活的情景、画面，可以调动学生学习的积极性，使其在学习中集中注意力，让学生寓乐于学，寓学于乐；学有所乐，学有所得。汉语环境与英语学习之间的矛盾是目前英语教学中的主要矛盾之一。除了英语课堂中学生能够接触英语，平时学生所听、所说、所读、所写大都是自己的母语——汉语。在教学中，虽然教师不能将真实生活情景加入课堂，但能模拟真实情景，创设接近生活的真实语言环境，这有利于学生理解和掌握对话内容。情景中创设的语境是语言赖以生存和发展的环境，也是语言交际所依赖的环境。只有通过语境，才能实现对语言功能及其意义的理解。情景教学法正是要想方设法利用各种手段为学生创设一种英语学习的语言环境，并且在相应的语言环境中完成教学内容，使学生理解语言变得容易。情景切合学生的实际生活，让学生有身临其境的感觉，激发了学生内在的表达欲望，从而使学生积极地参与对话活动，加深了其对对话内容的理解，便于记忆，教师的教学效率和学生的交际能力都可以提高。因此，营造良好的语言环境，能使学生尽可能多地接触英语，有利于增强学生的语感，有利于学生读、听、说、写能力以及记忆效果和教学效率的提高，同时教师的教学工作也能顺利地开展，并取得预期的效果。

（4）有利于培养学生自主学习的能力。培养学生自主学习是以"学生为中心"的教学要求，在模拟的或实际的交际场合中，学生作为练习的主体，从而使想象力和创造性思维有了自由发挥的空间，他们运用英语自由表达自己的见解，抒发自己的情感，而教师只是起从旁指导"解惑"的作用。因此，教师应充分理解"自主学习"的含义，给学生创造一个良好的英语环境，培养学生的观察记忆，发散思维，发挥想象和创新精神，激发学生对英语的热情和兴趣，使学生每天看英语、说英语，为他们自主学习英语打下良好的基础。

（5）有利于培养学生运用英语的思维能力和口语能力。人的情感是在一定的情景和环境下才会产生的。因此，当教师创造一个特定的能使学生产生共鸣的学习环境时，学生才能学习特定的语言。

（6）有利于调动学生的非智力因素。任何教学方法，都是想要调动学生的积极性和主动性。因为兴趣、注意力、心理因素等非智力因素是语言学习者在学习语言的过程中不可缺少的补充，它们起着非常重要的作用。对学习语言而言，环境、兴趣、亲情等非智力因素不可或缺。情景教学法让学生在日常生活的情景中直接感知语言，在交流中学习和学得词汇、语音、语法等，培养学生灵活运用语言的能力。其中，口语教学的最重要的手段之一就是对话，对话不但有利于培养学生的口语能力，还能使课堂教学变得更加生动、活泼，这种生动真实的教学能让学生把所学的外语直接运用于日常生活中。

（7）有利于课外活动形式的多样化。仅仅依靠课堂上学习英语是远远不够的，所以要根据不同班级、层次或者不同水平、爱好的学生，展开形式多样的课外活动。分班或者在同年级甚至全校范围内去组织英语游戏、朗诵会，讲演比赛，也可以开演唱会，进行作文比赛、听力比赛等。其目的是培养学生学英语的兴趣，活跃学生课外生活，课内外结合巩固所学的知识，创造学英语的气氛，让课内课外相得益彰。

综上所述，情景教学法在英语教学中的作用是非常重要的。它善于调动学生的非智力因素，能够使学生在良好的语言环境中获得感性材料。随着经济的不断发展，越来越多的国家要求人才"能用英语交流信息"。情景教学法在英语中有着其他办法不可替代的优势。我们广大英语教师应充分认识到情景教学这一办法的优越性，并努力在教学实践中应用这一办法，为国家培养出更多优秀的、专业的外语专业人才。

2. 情景教学法的缺点

情景教学法自身存在一定的缺点，主要体现在以下三个方面：

（1）情景教学法强调的是整体结构感知和综合训练，因此在学生理解和运用外语时忽视了对语言知识的讲解和分析。

（2）这种教学法排斥母语，过于强调视觉直观的作用，忽略了母语的中介作用。

（3）对于交际能力培养不足，过于重视语言形式。因为设计情景通常是虚构的，以这种情景为线索来选择和安排语言材料并不能完全地满足学生在现实言语交际的实际需要。

创设有效的教学情景，对激发学生的学习兴趣，培养英语表达能力都有显著效果，而且英语课堂教学效率也有显著提高。英语教学是语言教学，而语言需要有情感交流作支撑，交流则需要在一定的情景中。在英语教学中，教师要让学生愉快地融合于英语环境，创建一种开放、和谐、积极互动的语言活动氛围，努力产生浸润性的效果，让学生在不知不觉中吸取和操练，不断提高英语口语能力，增强语感和整体水平。

另外，英语教学是教和学的结合，是教师的主导作用和学生的学习积极性相互合作的过程。教师不但要熟悉教学内容，明确教学目的，掌握好教学的方法，更要了解不同情况下的学生的思想状况，结合这些情况培养学生的学习积极性，以最有效的方式把学生的学习兴趣尽快地提高，特别是对初级的英语学习者而言，更应采取一些情景对话之类的手段来提高他们的兴趣和注意力。在课堂中，要求学生生硬地背诵句型或课文是没有用的，但一定要重复加深对句子结构中语法规则的印象和理解；使学生正确、流利地模仿和使用英语语言。

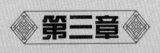

第三章
英语教学的内容构建

第一节　英语听力教学内容

一、英语听力教学概述

（一）英语听力教学目标

"英语听力教学是培养学生语言综合运用技能水平的重要部分，也是学生习得英语的基本前提"①。听力教学的目的要求大学生对于语言素材的理解感悟来明白文章大意，提取关键信息，完成相关练习。依据《英语课程标准》，听力教学目标有以下要求：①二级要求：能在图片、图像、手势的帮助下，听懂简单的话语或录音材料；能听懂简单的配图小故事；能听懂课堂活动中简单的提问；能听懂常用指令和要求并做出适当反应。②五级要求：能根据语调和重音理解说话者的意图；能听懂有关熟悉话题的谈话，并能从中提取信息和观点；能借助语境克服生词障碍、理解大意；能听懂接近正常语速的故事和记叙文，理解故事的因果关系；能在听的过程中用适当方式做出反应；能针对所听语段的内容记录简单信息。③八级要求：能识别不同语气所表达的不同态度；能听懂有关熟悉话题的讨论和谈话并记住要点；能抓住简单语段中的观点；能基本听懂广播、电视英语新闻的主题或大意；能听懂委婉的建议、劝告等。

听力教学活动的开展应以促进听力理解和技能运用能力的提高为目标，而不是检测对听力技巧的掌握程度。因而，听力教学应有技能训练与信息获取的双重目的，换言之，教师在听力教学中不仅要训练学生的听力能力，还要让学生掌握听力材料中的知识点。

---

①屈亚媛，周玉梅.大学英语听力教学原则浅议［J］.校园英语，2015（8）：16.

（二）英语听力教学原则

语言教学中的听，实质上是理解和吸收口头信息的能力。在语言学习活动中，人们正是通过这种领会能力，获得大量语言材料，并促进说、读、写等其他言语技能的发展。由于近年来英语听力的分值不断提高，许多教师在听力训练中也加大了力度，但也许是没有找到一种合适的训练方式，收效甚微。下面探讨听力教学中所应遵循的原则：

1. 循序渐进的原则

听力材料的选择应遵循循序渐进的原则，由易到难，并兼顾多样性以及真实性。教师在听力教学之初，应选择那些吐字清晰，连读、弱读现象少，并且语速不能过快的材料。听力材料尽量具有真实性，语音、语调真切自然，不夸张，符合在自然交际场合中的说话标准。另外，听力内容可以是社会热点话题、新闻、故事以及日常生活会话等，以激发学生听的兴趣，让学生在听的过程中有所得、有所知。随着教学的进程，教师可以在各个方面提高听力材料的难度，以满足学生的求知欲。

2. 训练模式的多样化原则

教师应该根据不同的训练目的，采用不同的训练手段。在课堂上，学生听教师和其他同学讲英语是培养听力的重要途径。教师可根据由慢到快、由易到难、由简到繁的原则坚持用英语组织课堂教学、讲解课文，并鼓励学生大胆讲英语，以创造浓厚的课堂氛围。另外，教师应根据不同的教学目标选择不同的听力材料并采用不同的训练模式，如让学生区分练习各种语音，从而领会其表述的意义；事前给学生一些问题，让学生听材料时用母语做出回答；听以正常语速讲的所学过的各种对话；鼓励学生自由选听各种材料，然后说出或写出所听的内容。教师应尽可能地为学生创造听英语的机会和条件，通过听觉接触大量的英语，逐步发展听的能力。

3. 符合交际需要的原则

听力训练的最终目的是培养学生听懂地道的英语的能力，以适应交际的需要。在平时的教学中，教师应坚持用正常的语速说英语，并严格要求自己，力求发音准确无误。由于听录音是培养听力的有效方法，因而教师要充分利用各种电教设备，让学生多听地道的英语，并让学生习惯于听不同年龄、性别、身份的人在不同场合的发音。偶尔也可以让学生听一些地道的英文歌曲，以提高学生的学习兴趣。

4. 综合性与分析性相结合的原则

综合性是指对听力材料进行粗线条的整体理解，这种原则可以解决听力题中对材料主旨的理解、对整体思想的分析等方面的要求。分析性指的是为了应对听力题中对细节部分的考查，而逐字逐句地分析细听。这就需要学生在听时"抠"字眼，例如题中要求回答的事件发生的时间、地点、年份、数字等，学生在听时就要特别注意此类细节并做简单记录。在听力训练中，由于听力题既涉及材料的通篇理解，又不能忽视细节问题，所以要求学生把综合性与分析性结合起来，以适应答题的要求。

5. 分散与集中训练相结合的原则

分散训练主要通过语言教学，不自觉地让学生接受听力的专项训练。教师在日常教学中，例句、文章尽可能口头完成，这种潜移默化的影响对学生听力的提高也有很大的帮助。集中训练指在分散训练的基础上，每周专门抽出 1～2 课时进行大量的、有指导的强化训练，对学生在听力中遇到的具体问题进行具体的帮助、指导。对于可能拼读或者读音有些相似的单词，教师应该进行分散训练。

6. 听说读写结合的原则

英语教学中的听说读写活动，既有其独立性，又有其依存性，但是更多的情况下是几项活动互相结合，同时进行。在听力训练中，采用会话、听写、听后复述等方式，不仅可以集中听的注意力，带动其他技能的发展，而且可以创造真实的语言环境，有利于培养实际的交际能力，从而收到事半功倍之效。在听、说、读、写四种能力中，任何一种能力的提高，都能带动其他的能力，反之，任何一种能力的缺乏，都会影响其他能力的掌握和提高。因此，英语教师应将听力训练与其他能力的训练相结合。

（1）视听结合。学生除了上课时听老师和同学讲英语、听英语磁带外，教师还应该充分利用多媒体技术，课内让学生多看一些音像视频材料，同时鼓励学生课外多看英语电视节目、电脑学习光盘以及网上视频英语等，使听觉与视觉一起参与听力理解活动。视觉形象思维与逻辑思维相互作用，可以减少影响听速的心译活动，从而使学生能够迅速准确地理解听力材料。

（2）听说结合。听和说作为交际的两个方面，是不可分割的整体。在日常教学中，要让学生积极参与听力教学实践，变被动为主动，因为只有听懂了，才能说得出。听力练习的过程也是口语熟悉的过程，而口语训练的过程也是听力锻炼的过程，因而二者是相互促进的关系。在英语口语中，不同的语调表达不同的感情，在听力练习中要多加注意。对此，教师应积极地利用课内课外的机会，鼓励学生用口语表达自己的思想感情，并揣摩不同语调的内涵。

（3）听读结合。听读结合不仅能增强学生的语感，还有助于单词音、形、义三者统一起来，从而减少判断误差。朗读的材料可以是课文或与课文难度相仿的文章，让学生边听边读，不仅可以模仿到纯正的语音、语调，还可以纠正学生的发音错误。另外，长期坚持边听边读，不仅可以加深对文本的理解，而且对语言的反应速度也会随之提高。由于听力输入量的增大，词汇复现率也会越高，对于常用词语就会越熟悉，在读与听时就可很快将这些词语从记忆库中调出，马上领会，理解所读与听到的内容。

（4）听写结合。听写结合的最佳形式是听写练习，它要求学生在有限的时间内将所听到的内容同步记录下来，这需要高度集中的注意力和对语言的敏感性。只有听写二者结合，才能真正地提高我们的英语水平。在大学英语四、六级的听力中常有 Spot Dictation 或 Compound Dictation 题型，这也是对听写结合的重视。教师在平时的教学中要有意识地培养听写能力，鉴于这种训练难度比较高，在听写起步时可以听一些基本词语和简单句型，进而听写课文和与课文难度相当的材料。

（三）英语听力教学方法

学生在听力训练过程中经常会感到听不懂，部分学生只要听力材料中有一部分听不懂，就觉得很难，没有信心听下去。部分学生认为虽然多数内容都听懂了，但是因为不能记住所听内容，仍然觉得自己没听懂。事实上，人们在日常听新闻时，也有听不懂或者听不清楚的时候，可是并不影响我们了解新闻的大意。可见，听力重要的不是百分之百地听懂，而是理解。

1. 听前预览

教师在听力教学之前要教会学生进行听前预览，即在做每个小题之前，把要做的各个选项通读一遍。学生通过预览，可以事先掌握一些数字、人名、地点之类的特别信息，并可以预测要听到的句子、对话或短文的内容。对于关于人名、数字、地点的问题而言，听前预览尤其重要，因为在不预览的情况下，一旦题中提到两个或两个以上的相似信息，就可能对听者产生极大的干扰作用。

2. 抓听关键词

有的时候可能一段听力材料并没有听懂，只是听出了几个关键词，仍然能够答对题目，这就是巧听关键词的策略。事实上，有的题目主要就是听关键词，关键词抓住了，那么问题也就得到解决。所以，教师在听力教学中应该经常训练学生抓听关键词，这是克服听力理解过程中的记忆问题的有效方法之一。

3. 边听边做记录

英语听力的题型有选择题，也有短文理解，学生先听到录音，然后答题，主要考查学生的记忆能力和记忆效果。有的时候学生虽然听懂了，但是由于需要记忆的内容很多，有个别地方又没有听懂，容易造成急躁情绪，学生很难记住所需要听的内容，所以教师在对学生进行听力训练时，要引导学生养成边听边做笔记的好习惯。所记的内容可以是数字之类的信息，也可以是关键词。记录要以不影响听下面的内容为原则，因而速度要快，单词不一定写全，可以是缩写，也可以只写开头的字母。做笔记要注意以下方面：

（1）要有选择地做笔记。在做笔记时，有的学生试图把听到的内容全部记下来，这是不正确的。记的内容应该是重要的信息、容易忘记的内容，如时间、地点、数量，或者自己特别感兴趣的内容。

（2）有效地运用缩写、符号。要有效地运用缩写、符号等形式，减少记录的负担。有的学生在做笔记时总是写完整的句子和单词，甚至还记那些无关紧要的冠词、介词等。要培养学生有效地使用那些通用的缩写和符号，并且还可以建立自己的符号和缩写体系，因为笔记是给自己看的，建立自己的系统也是非常有效的。

4. 多听英语新闻

课堂的时间是有限的，教师应该鼓励学生养成听英语新闻的习惯和爱好。听新闻既可以锻炼英语听力水平，也可以了解国家大事。事实上，在学生听新闻时，不需要对一切都准确地把握，只是对于感兴趣的东西，可以用心听每一个细节。所以，学生在听新闻时，心理上是轻松愉快的，没有任何压力和包袱，这样反而会比带着任务听的效果要好。在听新闻时，主要是听一些关键词，把它们串起来，就可以了解这篇新闻的大概了。

二、英语听力教学的具体内容

听力教学的内容具体包括以下方面：语音训练、听力技巧、听力理解和逻辑推理训练等。

第一，语音训练。语音训练包括对听音、意群、重读等的训练，训练的程序应从词到句，再到文。对于造成听力困难或容易混淆的语音应专项训练，例如：bed—bad，chip—cheap，pin—pen，ship—sheep，sit—seat，等等。语音训练是为了增强学生的语音辨别能力，为提高听力理解奠定坚实的基础。

第二，听力技巧。听力技巧包括听大意、听细节、听具体信息、听隐含之意、猜词义等。听力教学包含训练这些技巧的各种听力活动。在听力考试中，掌握正确的听力技巧，不仅可以事半功倍，还可以提高答题的正确率。

第三，听力理解。听力技巧的培养是为理解服务的，除了语音和技巧的训练之外，听力教学更多的应是通过各种活动，训练学生对句子和语篇的理解能力，使学生的理解由"字面"到"隐含"再到"应用"，理解步步加深。

第四，逻辑推理训练。在听力教学中，学生除了训练语音，还要训练逻辑推理能力，并提高自己的语法知识，因为语法和逻辑知识是正确理解和判断的必要条件。

第二节 英语口语教学内容

一、英语口语教学概述

（一）英语口语教学目标

"英语教学的最终目的为说英语，口语也是人们进行交流与沟通的主要工具"①。口语教学的目标我们主要参考《英语课程标准》和《大学英语课程教学要求》。不同层次的学生对口语教学的要求有所不同，《英语课程标准》规定：二级：能在口头表达中做到发音清楚、语调达意；能就所熟悉的个人和家庭情况进行简短对话；能运用一些最常用的日常套语（如问候、告别、致谢、致歉等）；能在教师的帮助下讲述简单的小故事。五级：能就简单的话题提供信息，表达简单的观点和意见，参与讨论；能与他人沟通信息，合作完成任务；能在口头表达中进行适当的自我修正；能有效地询问信息和请求帮助；能根据话题进行情景对话；能用英语表演短剧；能在以上口语活动中语音、语调自然，语气恰当。八级：能使用恰当的语调和节奏；能根据学习任务进行商讨和制订计划；能报告实验和调查研究的过程和结果；能经过准备就一般话题做 3 分钟演讲；能在日常人际交往中有效地使用语言进行表达，如发表意见、进行判断、责备、投诉等；能做一般的生活翻译，如带外宾购物、游览等。

课标及要求中对于口语教学的目标规定得很清晰，从所规定的口语目标来看，随着学习的深入，目标的难度和深度也在不断加大，这不仅需要学生自身的努力，更离不开教师的引导。因而，教师应该不断改进教学模式，同时还要提高自身的教学素质。

（二）英语口语教学原则

英语口语教学主要是为了培养及训练学生对语言知识的转换能力，即让学生通过读和听获得信息，并在原有知识的基础上对它们进行加工、重组，并赋予新的内容，然后再输出语言，完成整个交际过程。通过对口语的特点和具体要求的分析，可以看出，对口语教学目标的定位应该是培养学习者流利表达和有效交流。为了达到这一目的，口语教学必须遵循相关的原则，以达到最佳教学效果。从具体的实践看，在教学过程中应遵循以下教学

---

①周彩霞. 初中英语新目标口语教学探究 [J]. 成功：中下，2013（2）：1.

原则：

1. 互动性原则

口语教学不是机械的训练，而应该是一种互动的操作训练，让学生在训练中练习自己的口语。互动性原则强调的是动，也就是对某一话题进行有意识的动态性的练习。在课堂上，如果教师单纯采用提问的形式，学生开口的机会和时间都受到限制，这对提高他们的口语显然是没有多大益处的。若要改变这种现状，教师就应该多开展生生之间的互动训练活动，如对话练习、小组讨论、角色扮演等，这样一来，课堂的安静气氛必然会被打破，显得热闹，但这正表明所有的学生都在进行积极的、有意义的参与，如果没有一个活跃的口语课堂，那么学生的口语水平是很难得到提高的。

2. 多样化原则

在实际的教学过程中，教师不仅能够运用多样化的教学手段，还应该运用多样化的教学方法。口语课应该是轻松愉快的，教师根据学校的教学设备，多运用录音机、多媒体，让学生通过图片以及原味的英语，提高自己的口语水平。同时根据每堂课不同的教学目标，运用不同的教学方法，可以设计情景对话、故事接龙、唱英语歌曲、看图说话等方式训练学生的口语。教师在学生能够开口说的基础上，应该注重训练其说话的流利性，并在语言的规范性、语音语调的正确性上有更高的要求，给他们创造实践的机会。

3. 兼顾原则

兼顾的原则是指不仅要注重课堂，还要兼顾课外。课外活动是课堂教学的继续和延伸，与课堂教学息息相关，因而教师不仅要注重课堂教学，还应该注重课外活动。课外活动是课堂教学的补充，是让学生复习、巩固与提高所学的知识，教师应为学生提供各种语言环境，创造用英语进行交际的条件，指导学生在不同场合运用所学语言材料进行正确、恰当、流利的口语操练，如组织英语角、竞赛，或者根据自由组合原则编出课外活动小组、安排小组活动等。另外，在课后作业上，教师可以让学生结成学习对子，培养学生说口语的兴趣，利用一切可能的机会巩固和提高学生的口语能力。

4. 科学性原则

在语言学习的过程中出现错误是不可避免的，在口语学习中更是如此。教师的任务是为学生提供连续、完整的交流空间，热情鼓励学生树立信心，大胆去实践，不怕犯错误，达到口语练习的最大实践量。口语教师的职责在于培养学生对语言的敏感性以及对自己、他人说话中的语言错误的识别能力。在口语练习中，学生不可避免地会出现各种各样的错误，有的教师会匆忙打断学生的思维和交流去给他们纠错，这种方法实不足取，不仅会破坏学生的思路，还会打击学生信心，增强其恐惧心理，导致因害怕出错而丧失说话的勇气。一般是在学生谈话之后，教师给予及时的纠正，然而即便是这样，也要讲究策略，讲究科学的方法，对不同的学生犯的不同的错误进行区别对待，根据不同场合及不同性质进行分别处理。

（三）英语口语教学策略

口语教学的目标就是要发展学生的口头交际能力，而口语教学的成功与否在很大程度上取决于教学的策略性，以下主要从展示策略、文化导入策略、创设情境策略和功能评价策略四个方面，论述具体的教学策略。

1. 展示策略

展示策略按照展示主体的不同，可以分为教师展示和学生展示；按照对材料的使用，可以分为演绎展示和归纳展示；按照展示所用材料的不同，可以分为多媒体辅助展示和无辅助展示。展示策略很多，然而要想保证展示方式的效率和效益，必须遵循以下原则：

（1）简易原则。简易原则是指展示应该尽可能地简单明了，不要把简单的事情复杂化。在多媒体技术高度发达的时代，尽可能使用多媒体技术已经成为人们追求的目标，然而我们在展示中应该注意，不要为了使用多媒体而使用。简易原则就是要求我们如果能够用无辅助展示展示得比较清楚，就不用多媒体展示，要尽量地少用一些设备，不必无端地增加设备应用量。

（2）经济原则。经济原则要求展示用最少的时间、最小的精力投入、最低的财力投入获得最佳的展示效果。任何事情的投入都讲究经济原则，对学生进行材料的展示也不例外。教师在对学生进行材料展示的时候，如果出版社有配套的视频材料，最好选择多媒体。如果没有配套的视频材料，教师希望自己制作 flash 动画，但自身又不具备技术优势，需要请人帮助制作，就不如选择纸介文本，因为这样耗费的时间、精力、财力都很多，不符合经济的原则。

（3）效果原则。效果原则是指展示方式的选择应以能够保证达到最佳展示效果为标准。如果无辅助展示的效果要弱于多媒体设备展示，并且学校又具有配套的设备，那么，我们从效果原则考虑，最好使用多媒体展示。

2. 文化导入策略

语言是文化的组成部分，也是承载文化信息、反映人类社会文化生活的工具。任何一种语言都与某一特定的文化相对应，然而由于观念、信仰、思维方式、历史文化、社会背景等因素的差异，针对同一交际场景，不同文化背景的人会有不同的认识体验，从而产生社会文化的差异。口语教学应加强文化因素的导入，培养学生跨文化的交际能力，帮助其构建和完善跨文化交际。

（1）文化导入的内容。文化对语言的影响和制约主要体现在两个方面：一是词语意义，二是话语组织。因此，教师在口语教学中应从词语文化和话语文化两方面进行文化导入。词语文化的导入内容主要包括：习语、词语在文化含义上的不等值性、字面意义相同的词语在文化上的不同含义，以及民族文化中特有的事物与概念在词汇语义上的呈现。而话语文化的导入内容主要包括：话题的选择、语码的选择、话语的组织。

为了让学生能够在跨文化环境中成功进行交际，就必须弥补他们在社会认知上的缺省，因而在口语教学中加强词语文化和话语文化内容的导入就显得尤为重要。

（2）文化导入的形式。第一，结合教材导入。教师在教学中可根据每堂课的教学目标，结合教材向学生介绍一些与之相关的文化背景知识。扩充其文化知识信息，这种方式是最自然、最直接的导入。例如，在一节关于日常食物的口语课上，教师可以向学生介绍与西餐有关的文化常识，并扩展与之相关的词汇及餐厅用语。

第二，对比导入。在口语教学中将主体文化与客体文化进行对比分析，是一个帮助学生构建客体文化行之有效的教学方法。对比导入策略应发挥学生的主动性与积极性，可以把任务提前布置给学生，让学生在课前充分查阅资料，然后让学生在每节口语课前轮流讲解，教师给予适当补充。这种策略不但把文化学习贯穿到整个口语教学过程中，还培养了学生的自主学习能力。需要注意的是，两种文化的对比内容要具有可比性，即应是"同质"比较。

第三，运用多媒体导入。中国学生是在汉语的环境下学习英语，缺乏真实环境下对目的语文化的感受，而多媒体能再现真实的情境，使学生产生身临其境的感觉。甚至有些多媒体还能与学生进行互动式的交流，从而激发学生的学习热情。可见，多媒体的运用对口语教学中文化的导入起着积极的促进作用，尤其是跨文化的交际，多媒体的展示对文化的转换甚至起着决定性的作用。

3. 创设情境策略

学习是一种真实情境的体验，学习发生的最佳情景应是具体的、活生生的，因为只有在真实情境中，学习才能变得更为有效。因此，教师应该把真实的社会语言情景引入口语课堂，加强语言与情境的紧密结合，使抽象的语言教学具体化、情景化、形象化，更贴近于日常实际生活中自然交谈的形式。实践证明，如果教师能为学生营造出各种真实的语言情景，不但可以促进学生积极主动学习，还可以加快学生掌握实际应用外语能力的速度。

（1）创设情境的内容。教师在为学生创设情境时，要注意情境主题的真实性。由于学生的言语交际活动受到情境的限制，因而教师选择的情境必须与教学目标相一致。教师在情境的选择上应该是与学生的生活、学习关系比较密切的，这样可以帮助学生把所要学习的内容和创设的情境相联系，使学生"沉浸"在真实的情境中习得语言，培养其在现实环境的情景中自然输出语言的能力。

（2）创设情境的形式。第一，配音。教师可以节选一部电影片段，先让学生听一遍原声对白，接着对其中的语言难点进行讲解，之后再让学生听两遍原声并尽量背诵，最后把电影调至无声，由学生模仿电影中的角色进行配音。这种方式不仅缓解了学生说英语时的焦虑感，增强了学生的自信心和成就感，还能让学生学到最地道的语言，并掌握不同情境下应该运用哪种语音语调。

第二，角色表演。角色表演把学生从机械、重复、单调的练习中解放出来，给学生提供了在不同的社会场景里以不同的社会身份来交际的练习机会，从而为有效的交流提供了条件。角色表演是情景教学最为主要的教学手段，也是深受学生喜爱的口语练习方式。教师可以让学生自己进行角色分工，只是适时给予相应的指导，当学生排练结束后，让学生进行表演。表演完毕后，先让学生从表演技巧、语言运用等方面发表建议，最终由教师对学生的表演进行点评。

4. 功能评价策略

口语教学中的功能评价方法，有形成性评价与终结性评价之分。形成性评价是学习者在整个学期中口语发展的历程性评价。终结性评价是学期结束时的口语能力评价，同样也包括水平测试中的口语部分语言功能应用能力的评价。

（1）形成性评价。形成性评价要求教师能够把课堂教学的功能目标分解成几个阶段性评价目标，然后根据每个阶段性目标的特点设计相应的评价活动。形成性评价主要是诊断学习者是否达成了阶段性目标，如果没有达成，下一步活动应该如何开展。根据形成性评价的要求，课堂教学过程中教师要通过自己的课堂观察与学生之间的对话诊断学习者的学习进展，为学习者功能方面的发展提供自我建构的环境。

（2）终结性评价。口语教学中的终结性评价必须根据课堂的口语交际能力目标设计，至于口语教学中的目标达成评价可以采用应用性活动。换言之，应用阶段的产出性活动本身就可以作为目标达成评价活动。终结性评价可以根据学习者的具体情况采用不同的评价标准。

（3）口试评价标准。英语口语的评价多从四个方面进行：一是语音；二是总体可理解度；三是语法；四是流利程度。

二、英语口语教学的具体内容

口语教学是以培养学习者的口头交际能力为目标的课堂教学，其教学内容包含了语音训练、词汇和语法、会话技巧等，下面就教学内容作如下阐述：

第一，语音训练。口语教学的内容首先应是正确的语音和语调，包括音节、重读、弱读、连读、意群、停顿等，因为错误的发音或不同的语调会造成理解困难，甚至使听者无法理解。

第二，词汇和语法。一个句子要想表述准确，必须用合适的词汇和正确的语法，如果缺乏必要的词汇，说话者常常难以准确地表达自己的思想；如果缺乏必备的语法知识，则说话者容易语无伦次，因此说的教学应包含词汇和语法教学。

第三，会话技巧。语言学习的目的就是交际，在语言交际过程中如何达到有效，那就少不了一些技巧的运用，常见的会话技巧有以下方面：①请求；②邀请；③宣布；④解释；⑤回避；⑥转码；⑦析疑。

第三节　英语阅读教学内容

一、英语阅读教学概述

阅读作为语言学习的基本技能之一，不仅能获得信息和乐趣，更是巩固和扩大目的语知识的重要途径。随着世界经济全球化的发展，英语作为国际通用语言的地位越来越高，因而阅读技能的研究和教学，自然也就成了人们关注的焦点。关于阅读过程及阅读教学策略的研究，在此背景下也就越发显得突出。

阅读是一个积极主动地思考、理解和接受信息的过程，是一种复杂的智力活动。它包含两个不同的发展阶段，即辨认文字符号的感性认识阶段和理解内容、吸收信息、创造性思维译码的理性认识阶段。英语阅读教学的目的主要是培养交际性阅读能力，有效地获取书面信息，并对此信息进行分析、推理和评价，以实现交际的目的。

（一）英语阅读教学目标

教育部制订的《英语课程标准》和《大学英语课程教学要求》分别对阅读的教学目标确定了相应的标准，具体内容如下：

二级：能认读所学词语；能根据拼读的规律，读出简单的单词；能读懂教材中简短的要求或指令；能看懂贺卡等所表达的简单信息；能借助图片读懂简单的故事或小短文，并养成按意群阅读的习惯；能正确朗读所学的故事或短文。

五级：能根据上下文和构词法推断、理解生词的含义；能理解段落中各句子之间的逻辑关系；能找出文章中的主题，理解故事的情节，预测故事情节的发展和可能的结局；能读懂常见体裁的阅读材料；能根据不同的阅读目的运用简单的阅读策略获取信息；能利用字典等工具书进行学习；除教材外，课外阅读量应累计达到 15 万词以上。

八级：能理解阅读材料中不同的观点和态度；能识别不同文体的特征；能通过分析句子结构理解难句和长句；能在教师的帮助下欣赏浅显的文学作品；能根据学习任务的需要从电子读物或网络中获取信息并进行加工处理；除教材外，课外阅读量应累计达到 36 万词以上。

大学英语一般要求：能基本读懂一般性题材的英文文章，阅读速度达到每分钟 70 词。在快速阅读篇幅较长、难度略低的材料时，阅读速度达到每分钟 100 词。能就阅读材料进行略读和寻读。能借助词典阅读本专业的英语教材和题材熟悉的英文报刊文章，掌握中心大意，理解主要事实和有关细节。能读懂工作、生活中常见的应用文体的材料，能在阅读中使用有效的阅读方法。

（二）英语阅读教学原则

1. 兴趣激发原则

学生对阅读是否产生浓厚的兴趣是阅读教学成败的关键，有了兴趣，学生才能产生积极、主动、热烈的学习欲望。教师要注意教学内容的适当变换和教学形式以及手段的多样化，尽量避免教学活动的枯燥乏味，从而激发学生的阅读热情和兴趣，使阅读教学经常保持新鲜感，使学生学会阅读，乐于阅读，变被动阅读为主动阅读。

2. 层层设问原则

层层设问原则主要是指教师在阅读教学中提出的问题应该具有层次性，逐步揭示文章的主题。例如，教师在讲解 Thomas Edison 这篇课文时，可以提出如下问题：

（1）Who was Thomas Edison?

（2）When Thomas Edison was five years old, he sat on some eggs one day, didn't he? Why?

（3）Why did Edison's teacher send him away from school?

（4）How do you think about Thomas Edison? Why?

（5）What can we learn from the text?

这五个问题由浅入深，层次分明，学生根据教师提出的问题，想方设法化难为易，在解决问题的过程中，掌握所学知识，逐步理解文章内容，并提高自己的分析理解能力。

3. 循序渐进原则

阅读教学目标的完成不会一蹴而就，它是一个循序渐进的过程，需要一个合理的总体设计和长远规划。教师应该在材料选择、任务确定、阅读方法以及阅读教学的反馈等方面做出全面细致的考虑，并鼓励学生寻找适合自己的阅读方法，积极引导学生采用适合自己的阅读方法去完成既定的阅读任务。

4. 速度调节原则

阅读速度不一定等于理解能力。有的人阅读速度快，可是理解能力差；也有的人阅读速度慢，理解能力也差。针对这些学生，应加强一般阅读技能和语言基础知识的训练，而不宜加快阅读速度。教师应根据教学的进程设置不同的阅读速度，在阅读教学进行之初，可以放缓阅读速度，注重对材料进行有效的理解。慢速阅读有时也是一种需要，例如对于诗歌、散文、小说等，应该细细地品读，深入地分析领会，认真思考、品味、评价和欣赏。但随着词汇量的扩大，语义、句法知识的增加，语感的增强和阅读技能的提高，阅读速度亦随之增强。这个阶段就应该进行相应的限时训练，加强训练的强度，进而完成阅读教学的目标。可见，速度调节原则就是要求教师在阅读教学过程中做到张弛有度，根据不同阶段的教学目标做相应的调整。

5. 因材施教原则

由于学生之间存在着个性差异，学生学习阅读的进程有所不同，所以，教师应注意满足不同水平学生的特殊需要，力争使每个学生都能相应地发展阅读技能。例如，部分学生阅读成绩不佳，进而自暴自弃，对于这类学生，教师可以先给他们简单的阅读材料，并逐步增加难度，让他们看到自己的点滴进步，还要经常表扬、鼓励他们，帮助他们树立战胜困难的决心和取得进步的信心。而有的学生基础好，学习兴趣浓厚，课堂上的阅读常常满足不了他们的阅读欲望，针对这类学生，教师应向他们介绍和推荐世界名著等读物，布置一些富有挑战性的阅读任务，以满足其阅读欲望。总而言之，教师应根据每个学生的特点，认真分析，并将其分类，在教学中有意识地对其提出不同要求，采取不同方法，从而做到因材施教。

（三）英语阅读教学策略

阅读教学是为了实现从重视知识传授到重视技能培养的转移，而阅读教学的成功与否很大程度上取决于教学的策略性。以下主要从阅读前（Pre-reading）、阅读中（While-reading）以及阅读后（Post-reading）这三个过程中，探讨具体的教学策略（PR-WR-PR）。

1. 阅读前的策略

阅读前的活动是为学生了解文章大意做准备，它包括引出主题、提出问题、交代任务，其目的是激发学生的阅读兴趣，使学生尽快进入文章角色。一般而言，阅读前的活动有以下方面：

（1）激活背景。语言是文化的载体，学好一门外语，不只是多背单词，更要了解异域的文化。因而教师在阅读教学之前，有必要介绍一些与文章有关的社会文化背景知识，让学生对将要阅读的内容有一定了解，从而激发学生进一步阅读课文的欲望。例如，教授与Halloween 有关的课文，教师就有必要提前从网上下载一些文字资料进行展示，最好是在阅读前与学生谈论相关的节日信息，唤起学生已有积累的知识与生活经验，同时放映一段万圣节的图片或影像资料，并提问：What do you know about Halloween？让学生交流观后感，得出一个大致的结论：It's an autumn festival. 进而引出学习的目的，进入课文，一步步地解决问题，这样课文中的难点也就迎刃而解了。

（2）扫除障碍。对于学生而言，影响阅读的最重要的因素莫过于词汇了。教师应在阅读前通过游戏、动画、图片、故事、对话等形式，设计语境导入词汇，扫除词汇障碍，从而更好地帮助学生阅读。教师可以通过"学案导学，先学后教"的方式在课前指导学生预习，并布置难度适当的预习题，使学生明确预习的目标，从而做到有的放矢；同时有助于培养学生自主学习能力和自主学习习惯，为课堂教学的顺利进行做好心理和知识的准备。这种有针对性的预习使处理课文的节奏明显加快，为阅读课文后的巩固理解，即课文的"升华"处理赢得了时间，从而加大了课堂的容量。

（3）以旧引新。一篇文章是由无数句子组成的，而句子又是由单词通过语法结构构成的。一般而言，一学期的英语课要教授的语法不是很多，并且语法的难度呈现的是递进的趋势。有的时候是几个单元共同呈现一个语法点，教师在教授的时候，就要经常重复这些语法点。当学习新的语法点时，教师通过重复旧的语法知识，引出新的语法点，通过对旧知识的复习，实现知识的再现和迁移，从而加深学生的印象。

（4）预测情节。教师在授课之前可以让学生根据课文的题目和一些关键词，展开想象，大胆预测情节，激发学生阅读的兴趣。这种策略不仅锻炼了学生运用已有的知识，还培养了学生逻辑推理的能力。每篇文章都有篇名，好的篇名常常包含了文章的中心思想。例如在学习一篇课文时，学生看到篇名就会想象这篇文章的主要内容，并由此联想到中外闻名的大地震，以及地震的起因、反应和结果。教师在此时适时地引导，激起他们急于阅读的欲望，去印证他们猜测的结果。无论学生的猜测正确与否，最终都会有助于对课文的理解。另外，教师还可以根据课文中的关键词引导学生预测课文的内容，可以让学生独立预测，也可以采用小组讨论的方式预测。先让学生充分发挥想象，将关键词进行排序，预测故事的发展过程，然后通过阅读文章验证自己的猜测，最后根据关键词复述故事。

2. 阅读中的策略

传统的阅读课通常是通过判断正误、提问、解释句子以及翻译等几种活动来进行。心理学家古德曼认为，阅读是一种"心理语言学的游戏"。学生在阅读中可以了解课文中的一些语言现象，进而获取较详细的篇章信息。阅读的过程，实质上是认识层次的推测与验证相互交替的过程，因而这里所要谈论的阅读中的策略是强调阅读过程的分析，而不是针对传统的阅读结果。阅读中的策略主要有以下方面：

（1）略读。略读是一种选择性阅读，对于信息也是有选择地获取，并不要求学生逐词逐句地阅读。略读的目的是尽快了解文章的大意或中心思想，所以学生可以有意识地略过一些词语、句子，甚至段落。这种策略注重的是文章的大意，而不是细节。

在略读中，我们首先要关注的是文章属于怎样的题材，涉及哪些内容，然后在阅读的过程中，要注重文章的第一段和最后一段，以及各段的第一句和最后一句。因为，第一段是一篇文章的大概，有助于我们抓住主要情节和论点，而各段的首句和末句则给我们提供了文章的线索。具体说来，略读时应该注意使用以下技巧：

第一，注重文章的题目、小标题、黑体字、斜体字以及画线部分。文章的题目常常是文章内容的宗旨，利用题目我们可以对文章的内容做到心中有数。小标题是各部分内容的概括和浓缩，黑体字、斜体字和画线部分通常是作者提醒学生加强注意的重要信息，也是考试的重点。

第二，着重阅读文章的第一段和最后一段，以及各段落中段首的主题句和段尾的结论句。文章是由段落组成的，段落是由句子构成的，然而并不是东拼西凑的，而是有一定的章法。一般而言，文章的首段是对全篇的综述和概括，尾段往往是总结。在段落中也是一样，首句通常是主题句，末句常常是结论句。掌握文章和段落的这种结构，有助于有效地略读。

第三，注意关键词和关联词。关键词可以反映在特定的场景下谈论的话题，因而大多同文章的主题有关，利用关键词可以推测文章的主题。关联词包括很多种，如表原因的、递进的、顺序的、转折的，等等。通过关联词，我们可以预测下一段与上一段的关系，由此判断作者的思路和观点。

（2）跳读。跳读的目的主要是根据问题去寻找答案，尤其是在时间来不及，不可能进行通篇阅读，而对选择题的几个选项又无法判定时，宜采用这种策略。跳读是为了准确定位详细而又明确的信息，在采用该种阅读方法时，一般需要采取以下步骤：

第一，读懂问题，并大致了解四个选项，确定所要寻找的是哪类信息以及这种信息以何种形式出现。

第二，根据问题提供的线索，快速回到原文中去，明确到哪里去寻找所需的相关信息。

第三，快速搜寻，找到所需的信息后，认真阅读上下句，并对其进行加工处理。对于阅读问题中要求选出的时间、地点、人物、做事的方式、事情的起因、结局之类的信息，可以边读边画下来。

第四，对于与本题无关的信息，可以略过。

第五，再返回到阅读问题中，比较问题的四个选项，然后确定哪一个和文章中的信息是一致的。

在平时的训练中，教师应该注意对学生这方面的培养。无论是在日常的运用中还是考试中，如果对每个词、每个句子都细细咀嚼是不现实的，尤其是对一些通知、广告之类的应用文，略读可以快速地进行信息的比较、筛选，提高解决问题和信息处理的能力，从而达到高效准确的实用效果。

（3）主题句阅读。主题句一般出现在文章的开头和结尾，但也不排除在中间的位置，还可能无主题句。在这里主要探讨以下三种情况：

第一，主题句在段落开头。主题句位于段首的可能性最大，作者通常先引出一个话题，然后围绕这一话题详细展开叙述。把主题句放在段首，开门见山，主旨明确，读者阅读时很容易把握。

第二，主题句在段落结尾。如果主题句位于段尾，那么作者通常采用归纳法撰写，也就是采用"分述—总结"的模式。主题句往往是对上文的归纳和总结，或者是对以上的描述提出的建议。

第三，主题句暗含在段落之间。不是所有的段落都有主题句，尤其是在多段文章中。当阅读这样的文章时，我们就要抓住文章的细节，包括事实、观点、事件的分析，在大脑中形成初步印象，然后发挥自己的逻辑概括能力，综合归纳成一般概念。或是根据作者提供的事实、观点和事件，对各段落的中心思想进行概括，以此来体会整个文章的主题思想。

（4）信息转换。为了把文章中的信息保留在记忆中，可以对信息进行转化，从而加深印象。在阅读教学中常使用的转换方式有：①图画；②加小标题；③表格；④地图；⑤循环图；⑥流程图；⑦树形图；⑧条形统计图；⑨圆形分割统计图；⑩按年代顺序再整理。以上列举的转化方式使课文形式的信息变成了可见信息，这样有利于第二语言学习者在阅读中理解意义。

（5）提问。提问是阅读教学中最常用的方法之一。提问是有层次的，教师在提问时应着重把握提问的频率和难度。根据学生需要掌握的信息来划分，提问包括以下五种类型：

第一，表层理解，即在课文中可找到问题的答案。

第二，深层理解，要求学生根据文章提供的信息以另一种形式组织或解释。

第三，推理性理解，要求学生对文章句子中字里行间蕴含的意思加以认真阅读和思考，做出准确推理。

第四，评价性理解，要求学生根据材料所提供的信息做出正确判断。

第五，个人理解，这源于学生对课文内容的理解和反应。

以上这五类问题，教师不可能都涉及，可根据具体情况，做相应的调整。

3. 阅读后的策略

阅读后阶段是巩固和运用所学知识的重要环节，旨在练习、巩固和拓展学生在阅读过程中所学的语言知识，并培养其说和写的能力。这一阶段的教学，教师应该充分发挥学生的创造力和想象力，并根据学生水平，设计一些与课文内容有关的活动，给学生提供机会，让他们流畅地表达阅读后的感受。具体的活动有以下方面：

（1）复述。复述是一种比较有挑战性的口语练习。在学生了解了阅读材料的内容并掌握了生词的情况下，教师可以让学生根据关键词和图片复述阅读材料的主要内容。

（2）转述。对于对话性质的语篇，可以让学生用第三人称转述所学的内容，引导学生将对话转述为描述性的语篇。

（3）填空。教师可以写出课文概要，留出一些空白让学生填，并鼓励学生尽量使用不同的词和短语。

（4）写作。写作是指对阅读材料的仿写和续写。教师可以安排学生根据所读材料写课文摘要，或者写一个广告，对产品进行具体的描述。当阅读材料是一篇叙事性文章时，教师可以让学生展开想象，续写故事，培养学生的发散思维。

总而言之，培养学生的阅读能力是一个渐进的复杂过程，切忌操之过急。养成良好的阅读习惯是前提，兴趣是动力，必要的阅读技巧是关键。另外，每篇文章的阅读不可能都用到以上策略，但是恰到好处地用到其中的一两个，不仅可以激发学生的兴趣，而且可使他们的阅读有方向性，收到事半功倍的效果。

二、英语阅读教学的具体内容

阅读教学的内容包括培养学生的各种阅读技能，大致包括以下这些方面：①辨认单词；②猜测陌生词语；③理解句子之间的关系；④理解句子言语的交际意义；⑤辨认语篇指示词语；⑥通过衔接词理解文章各部分之间的意义关系；⑦从支撑细节中理解主题；⑧将信息图表化；⑨确定文章语篇的主要观点或主要信息；⑩总结文章的主要信息；⑪培养基本的推理技巧；⑫培养跳读技巧。

第四节　英语写作教学内容

一、英语写作教学概述

（一）英语写作教学目标

关于写作教学的目标，《英语课程标准》和《大学英语课程教学要求》都给出了相应的说明。

二级：能模仿范例写句子；能写出简单的问候语；能根据要求为图片、实物等写出简短的标题或描述；能基本正确地使用大小写字母和标点符号。

五级：能根据写作要求，收集、准备素材；能独立起草短文、短信等，并在教师的指导下进行修改；能使用常见的连接词表示顺序和逻辑关系；能简单描述人物或事件；能根据所给图示或表格写出简单的段落或操作说明。

八级：能写出连贯且结构完整的短文，叙述事情或表达观点和态度；能根据课文写摘要；能在写作中做到文体规范、语句通顺；能根据文字及图表提供的信息写短文或报告。

大学英语写作一般要求：能完成一般性写作任务，能描述个人经历、观感、情感和发生的事件等，能写常见的应用文，能在半小时内就一般性话题或提纲写出不少于120词的短文，内容基本完整，中心思想明确，用词恰当，语意连贯，能掌握基本的写作技能。

（二）英语写作教学原则

英语写作教学是非常重要的教学手段，它重视学生英语能力的培养、综合素质的提高，而不是一种机械模仿能力的培养。写作的综合性很强，它把词汇、语法、句型等知识进行融合，从而促进学生英语水平的提高。经常进行写作，其书面表达能力、口语表达能力也会随之提高。在教学过程中，教师要以学生为中心，以培养持续性写作能力为目标。在写作教学中，我们总结了以下六条原则：

1. 层进原则

学生要想奠定良好的写作基础，首先要从单词、句子的写作抓起，逐步向语篇过渡。词是英语写作中的最小单位，词按照一定的规则排列，就形成了句子，人们借助句子相互传递信息、交流思想。当句子按照逻辑相关性的系统排列时，就形成了语篇。

2. 系统原则

目前大学英语写作教学中存在的最大问题之一就是整个教学过程缺乏系统性，主要表现在以下四个方面：

（1）无系统的教材。目前还没有一套专门而又系统的写作教材，大都安排在每课的最后，教师鉴于时间的关系，往往以布置作业的形式完成写作教学，这根本就不能达到提高写作教学的目标。

（2）无科学的教学计划。针对大纲规定的教学目标，教师没有制订科学的教学计划，使得教学目标的实现没有可靠的保证。

（3）无具体的时间保障。由于课时有限，写作不单独设课，而只是附带在阅读课或是口语课中，于是写作教学就变成了一个随意的过程。常常是教师发现剩下点时间，于是任意指定个题目，让学生写篇作文。

（4）无系统的练习。要想写好文章，必须建立在大量材料的基础上，进行大量的系统的练习，并且掌握写作的基本方法和技巧，这样写起来才能得心应手。这些问题都亟待解决，否则肯定会影响英语写作教学的效果，学生的写作能力也很难得到提高。

3. 任务原则

传统写作教学的缺陷是语言脱离语境，脱离功能，导致学生能建构准确的语言形式，但不能以这些形式得体而完整地表达意义。任务化教学是让学生完成一系列的任务，从而达到教学目标，让学生在执行任务中充分感受语言形式和功能的关系以及语言与语境的关系。把写作与学生的实际任务需求联系起来，如让学生写求职信、个人简历等，这些与其未来生活、工作都有关的内容，可以让学生体会英语的实用性，激发学生参与的热情，并开发学生的潜能，进而发挥学生的创造力。

4. 优化原则

教师要根据学生的实际水平选择恰当的教学模式，重内容的教学模式对学生的语言能力要求较高，因而不适合在低年级中使用；重过程的教学模式强调写作本身的过程性，因而不失为一种比较科学的教学模式；重结果的教学模式是一个不可取的教学模式，因为它缺乏对写作过程的监控，不利于写作能力的培养；而小组合作教学模式是新课程背景下的教学模式，不仅体现了以学生为中心，还激发了学生的写作热情，这些都给教师一些提示和参考，教师在具体教学中要根据学生的实际水平，进行有选择的运用。

5. 多样原则

多样原则是指坚持训练形式的多样化。一般在写作教学中，应让学生进行缩写、仿写、扩写、改写、情景作文等练习，让学生逐步掌握写作的技巧。对于缩写，可以按照关键词—思考—讨论—复述—动笔这样的思路进行，将课文中的关键词串起来，写出本课的主题或中心思想。关于仿写，可以让学生先观察，再临摹，然后自主写作，进而到熟练。扩写有助于培养学生的想象力，但要求学生想象合理，做到符合原意，符合实际。教材中的很多对话都可以成为改写的素材，这不仅有助于学生研读原文，更有助于学生把握文章的中心思想。情景作文能培养学生的综合能力，它要求学生把平时所学的知识点滴积累，提炼并转化为带有感情色彩的优美的文字语言。每种练习形式各有优点，只有多做这方面的练习，学生的写作水平才能真正地提高。

6. 结合原则

在英语教学中，有"听说领先，读写跟上"的说法，一堂生动有效的写作课实际上应是听、说、读、写的综合运用，因为听、说、读、写是相辅相成，互相促进的。在写作课上，教师要选择优秀作文进行评价，学生在听的过程中既练习了自己的听力，又找到了自己写作中存在的问题。无论是写前的准备，还是写后的编辑和校读，都离不开听、说、读，可见，听、说、读不仅是写作教学的跳板，还贯穿了整个写作活动的始终，把听、说、读、写紧密结合，不仅可以对学生进行多元化的能力训练，还能使学生的各项能力互相影响、互相渗透、互相促进。

（三）英语写作教学的方法

要提高学生的写作能力，教师既要引导学生积累词汇、语法等语言知识，打好基础，还要增强学生的写作策略意识。英语写作教学应以培养学生的英语写作能力为本，将教学重点置于英语写作能力提高的动态过程之中，它的成功与否很大程度上取决于写作的策略。以下主要从开篇、段落展开、段落过渡、结尾以及修改五个部分探讨具体的写作方法。

1. 开篇方法

（1）开门见山。开门见山即开篇就推出文章主题句，提出看法，明确陈述见解，这种方法也叫事实陈述法或现象陈述法。

（2）描写导入。描写导入是通过描写背景，导入文章。

（3）以故事引入。用故事作为开头，可以引起读者的兴趣。

（4）下定义。以下定义的方法开头是为了给出必要的解释说明，以帮助读者理解。

（5）数据法。数据法是在开头段引用权威性的统计数字，使作者的观点具有较强的权威性和说服力。一般而言，数据法分为两种：一种是先主题后数据；另一种是先数据后主题。

（6）提问式。通过提问的方式统领全篇，可以吸引读者的注意力。

2. 段落展开

段落展开的方式很多，如按过程展开、按空间展开、按时间展开、按定义展开等，写作时可以根据主题选择使用其中一种或综合使用几种方法。

（1）按过程展开。就是文章按照事情发展的经过、顺序进行逐项说明。这种展开方法常用于记叙文，叙述如何做一件事情。

（2）按空间展开。这种方法常用于描述一个地方或一处景物，文章根据一定的空间方位顺序来写，如从上到下、从左到右、从里到外等。

（3）按时间展开。这种方法常用于记叙文，通常是记叙一件事情，按照事件发生的时间顺序来写。

（4）按定义展开。这种方法常用于说明文，即对某一个含义复杂、意思抽象的词语或概念阐明其定义。在下定义的同时，还可能运用举例子、打比方的方法，让读者对其定义有一个明确完整的了解。

（5）按分类展开。按分类展开的段落方法常用于说明文，一般是把要说明的事物按其特点分别归类，一一说明。

（6）按实例细节展开。这种展开方法常用于说明文，将主题句的抽象意思具体化，给读者一个清晰、有趣、深刻和信服的印象。通常是在文章开头提出论点，随后举出实例加以说明，例子可以举一个，也可以举几个。但是，所举的例子要具体、典型、有趣，并且与题目密切相关。例子在排列时要注意逻辑顺序，并把相关的例子放在一起，逐步推向高潮。

（7）按类比或对比展开。类比是比较同一范畴的事物之间或几个人之间的相似之处，对比是比较其不同之处。类比和对比常常同时使用，展开论述，以指出二者的相同之处和不同之处。

（8）按原因、结果展开。按原因、结果展开包含三种方法：按原因展开，即文章先描写某一结果，然后再详细分析其原因；按结果展开，即文章先叙述原因，再详细描写其结果；按原因和结果展开，即文章分析原因又分析结果。这种展开法常用于说明文。

3. 段落过渡

一篇文章，不仅要在内容上具有完整性，还要在结构上具有连贯性，因为结构的紧凑连贯是决定文章好坏的一个重要因素。结构上的紧凑连贯要求文章的各个部分应该围绕主题句有机地结合起来，段落结构应该条理清晰，层次分明，衔接自然。只有结构连贯，读者才能跟上文章的思路，了解文章的大意。要使文章连贯，可以采用以下衔接手段：

（1）使用平行结构。使用平行结构的句子可以使段落大意得到充分的发挥。

（2）保持名词、代词的人称和数量一致，动词时态一致。保持名词、代词及时态等一致可以让文章清晰流畅。

（3）使用过渡词语。使用过渡词语能很好地承上启下，把段落有机地连接起来；使段落内部环环相扣，从而推动文章中心意思顺利地向前发展。

（4）使用代词。使用代词来代替上文提到过的人或事，可以使句子互相照应，互相衔接。

（5）重复关键词语。重复关键词语可以使句子之间紧密衔接，从而使段落一浪高一浪地向前发展。

4. 结尾方法

（1）重复式。重复式是通过重复引言部分提出的观点，达到深化主题，强调中心思想的效果。

（2）总结式。总结式方法在结尾处对全文的内容进行概括和总结，以揭示主题。

（3）引语式。引语式是通过引用名言、格言、谚语，总结全文。需要注意的是，所引用的文字一定要与前面的观点相符合。

（4）建议式。建议式类型的结尾是针对文中讨论的现象或问题，提出建议或解决的方法。

（5）展望式。展望式方法主要表达了对将来的展望和期待，给人以鼓舞，有助于增加文章的感染力。

5. 修改方法

写完初稿，要从头到尾仔细阅读修改，把重复、多余、与主题无关的部分删去，把表达不完整、不清晰的地方改正过来，纠正语法、拼写、标点符号等错误。修改文章主要从以下方面着手：

（1）主题方面。在主题方面，最重要的是看表现的主题是否完整统一，再看文章是否符合题目要求、是否合乎逻辑、主题句是否清楚、有无与主题无关的内容、语气是否一致、时态是否恰当等，从这些方面审视作文，修改作文。

（2）段落方面。我们在检查作文段落方面的问题时，主要从这几个方面着手：检查段落材料是否充分，段落组织是否合理，段落之间是否连贯，过渡词是否运用得恰当等。

（3）语法方面。语法错误，是学生写作中常常出现的一个现象，主要表现为：句意表达是否清楚、有无病句、标点符号是否运用正确、有无拼写错误等。语法包含的方面比较多，如果纯粹是理论，会显得比较空洞，我们应结合具体的作文进行讲解。

二、英语写作教学的具体内容

一篇好的文章应该结构完整、语言流畅、整体统一、和谐连贯、内容充实简洁，因此，写作教学的内容应包括结构、句式、选词、拼写和标点符号等方面。

（一）写作教学的结构内容

第一，谋篇布局。在写作之前要谋篇布局，并根据写作目的选择适当的扩展模式。从篇章结构来看，一篇文章应该分为：引段—支撑段—结论段。而从段落的结构而言，则是：主题句—扩展句—结论句。当然，不同题材、体裁的文章，其谋篇布局不尽相同。例如，在说明性文章中，主题句的作用就是介绍主题，扩展句的作用是以时间、重要性等顺序扩展细节说明主题，而结论句则是重述主题、概述细节。在议论性文章中，主题句的作用是陈述读者认为正确的观点，扩展句是以说明的顺序扩展细节、阐述原因，而结论句的作用主要是总结或重述论点。

第二，完整统一。完整统一指文章的所有细节如事实、例子、原因等都必须围绕主题展开，做到内容切题，与主题不相关的句子必须删除，同时确保文章段落的完整性。训练时可采用专项练习的方式，如设计含有不相关细节的段落，组织学生修改。

第三，和谐连贯。段落中句子顺序及思路的安排必须具有逻辑性，句子和句子之间要有机地联系在一起，内容需流畅地扩展，使段落成为一个和谐连贯的整体。使用恰当的起连接作用的词或词组，可以把句子与句子有机地联系起来，使行文流畅，并引导读者随着作者的思路去思考问题。对于过渡语的使用，可采用"短文填空"的形式进行专项训练。需要注意的是，过渡词语不可不用，也不可滥用，要求结构流畅、简洁，避免冗长、累赘的叙述。

（二）写作教学的句式内容

英语中常见的句型包括强调、倒装、省略等，每种句式又有很多变形，因此，需要学生多加练习。教师在写作教学中可采用"示范"和"讨论"的方式，帮助学生掌握正确的表达方式，增强学生对句式的认知。

（三）写作教学的选词内容

选词与个人的爱好有关，因此也是个人风格的体现。选词也是作者与读者之间交流的方式之一，因而选词要考虑语域的因素，如正式用词与非正式用词的选择、褒义词与贬义词的选择。另外，还要考虑角色的因素以及读者对象的因素。

第四章
英语教学中的思维培养

第一节　英语教学思维与体验

"思维是课堂教学的灵魂，无论是教师设问、学生自问、合作讨论、质疑等，都要围绕这个中心来开展，而评价这些活动的标准就是学生思维的质量"[1]。体验是学生领悟知识、实践知识的桥梁，每个学生都可以根据自己的体验，用自己的思维方式自由开放地去探索、发现和创新。教师要想方设法让学生真正参与到课堂活动中来，从而提高他们思维的质量，让学生在体验中掌握知识，培养学习能力。

一、英语教学中要善于等待并学会"留白"

很多英语课堂有一个普遍的教学现象：老师害怕课堂气氛太冷清，所以就不由自主地消除教学过程中的留白，安排了一些"无缝对接"式的问答，以维持课堂热烈的气氛。其实，课堂这种"无缝对接"并没有起到积极作用。画家作画都会"留白"，因为空白不仅使画面有张有弛，而且会使作品给人留下自由想象的空间。课堂教学也是如此，教师有意识地留白与等待不仅可以调节课堂的气氛，更重要的是给学生一个思考的时间，表面的停滞可以促使学生迅速地思考。对于英语教学中的一些语法知识及一些语言结构的运用，仅凭老师的讲解、学生被动接受是很难取得成效的，教师需要鼓励学生去主动地参与思考并提高思维的质量，体验、感悟与领会，促使学生主动地探求知识，创造性地运用知识。

二、英语教学中要创造良好的语言体验环境

语言环境是人类学习语言的重要条件，而现实生活中学生学习英语很难有良好的语言

---

①宋雨晨，谭诣，王丽华. 高校英语教学思维创新［M］. 长春：吉林人民出版社，2020：24.

环境，这就要求英语教师在课堂上经常设置贴近现实生活的语言情境，让学生进入真实语言环境中，进行体验式学习，启迪学生的思维。

第一，通过课堂导入创设情境。课堂导入是教授新课的序曲，课前三五分钟是学生由心理准备进入角色的时刻，是营造课堂气氛、引起学生兴致的关键，也是学生练习听说的一次机会。因此，可以以"Free talk""讲故事"等来开始新课。可以让学生朗读一篇短文，并向其他学生提问，检测听的效果，最后根据朗读标准给予打分，并提出改进措施。这样既锻炼了学生的听说能力，又为下一步语言学习奠定了基础。

第二，通过语言描述营造情境。对于某些难以用实物演示的情境，可利用语言进行简洁易懂的描述，并配上表情、手势，做到绘声绘色，使学生进入情境。例如，在教授"have to do"句型时可以提供这样的语言情境：Today is Sunday, I want to see an interesting film. But my mother is ill, so I have to look after her at home. 在这样的语境中，学生很容易理解"have to"的确切含义，再通过一些上下文情境的练习，学生很自然地学会了它的用法。

第二节　多元文化思维下的英语教学

多元文化概念本身是针对传统的单一文化概念而言的。以往的文化发展定式是在一定的区域、地域、社会、群体和阶层中存在的某一种单一文化。而多元文化则是指在一个区域、地域、社会、群体和阶层等特定的系统中，同时存在的、相互联系且各自具有独立文化特征的多种文化，它不同于以往的文化存在方式，在空间上具有多样性，在时间上具有共时性。

一、多元文化思维下英语教学的主要原则

第一，文化性原则。学生学习英语不仅仅是学习单词及其语法，同时也是在学习语言文化。语言既是文化的一部分，也是文化的重要载体，因此文化教学理应成为语言教学的重要组成部分。加强文化知识的传授，鼓励学生积极参与实践，教师在强调学生基础知识积累的同时，应该贯穿英语交际能力的培养，注意英语文化知识的传授。

第二，交际性原则。英语学习的最终目的是使用英语，英语教学的最终目的是培养学生对英语的综合运用能力。因此，在教学过程中，教师要始终遵循交际性原则，以培养学生的交际能力为最终目的。

二、多元文化思维下英语的相关知识教学

第一,多元文化思维下的英语语音教学。语言是人类交际活动的重要途径。语音是语言交流的载体,如果失去了语音,人们的日常交往,商贸活动,语言教学都将无法正常进行,因此语音教学是语言教学的基础。在语音教学上,每位教师都应该了解英汉两种语言在语音方面的异同,注意英汉两种语音的对比,从而能够预见学生在语音学习中的重点和难点,在教学方法上采取相应的措施,以提高英语教学质量,减少甚至消除母语迁移的副作用。在语音教学中,要把听音—辨音—模仿—正音相结合,反复练习,从而为日后的英语听说能力奠定坚实的基础。

第二,多元文化思维下的英语语法教学。词法和句法是英语语法教学内容的两大方面。词法主要包括构词法和词类。构词法主要涉及词缀、词的转化、派生、合成等内容,而词类则包括静态词和动态词两种。这里的静态词主要指名词、形容词、代词、副词、数词、介词、连词、冠词、感叹词等。静态词并非绝对的静止不变,如名词有性和数格的变化,形容词有比较级和最高级的变化。动态词主要包括动词以及直接与动词相关的时态、语态、情态动词、助动词、不定式分词动名词、虚拟语气等。句法可分为句子成分、句子分类、标点符号三个部分。英语句子的成分主要有主语、谓语、宾语、表语、定语、状语、同位语、独立成分等。从目的上考虑,句子可分为陈述句、祈使句、感叹句、疑问句。从结构上看,句子则包括简单句、复合句和并列句。与句子有关的内容还包括主句、从句、省略句等。标点符号也是句法学习的重要内容之一,此外还有词组的分类、功能、不规则动词等。

第三节 跨文化交际思维下的英语教学

在英语教学中,英语教师不仅要向学生传授英语语言知识,而且还要积极为学生创设绝佳的语言环境,使其可以在具体的语言环境中学习词汇、语法知识,形成学生跨文化的语用意识,了解英语国家社会习俗、文化习惯,长此以往,学生的跨文化交际能力必定会有所提高。

一、跨文化交际思维下英语教学的意义

（一）跨文化交际思维下英语教学的现实意义

语言与文化相互影响，并由交际连接起来。人们学习语言与文化的经历会对其思维的形成与发展产生一定的影响，正是因为如此，说着不同语言、处于不同文化背景中的人才会形成不同的思维模式，而思维是交际的基础，有着怎样的思维模式便有着怎样的交际习惯。其实这也在表明，语言、文化与交际之间的关系是非常密切的，它们彼此总是相互影响的。人们在运用语言交际的过程中会将自身的价值观、思维习惯等文化层面的内容表达出来，而社会文化又在一定程度上给语言提供了形成与发展的"营养基"。交际则是作为一种中介，将语言与文化紧密地连接起来。

语言、文化与交际之间密切的关系对外语教学产生了不小的影响，语言教学即文化教学，而且这种观念甚至被传播开来。早期的外语学习是一种单纯地停留在语言本身上的学习，不过，这里需要指出的是，虽然早期的语言学习确实也让学习者具备了一定的语言技能，但是这并不意味着这种学习是一种真正意义上的语言学习，这是因为学习者只是获得了一个与母语不同的符号系统。该符号系统是单纯的语言系统，学习者并没有掌握外语的文化符号系统，这导致学习者在使用外语进行表达时只能表达一些浅层次的内容，如果他们想要与目的语语言群体进行深层次的交流，往往是不可行的。很明显，单纯的语言符号系统虽能独立存在，但是当其被应用时必须要与文化符号系统相结合，否则其就像没有血肉的身躯，没有任何活力。

依据不同的标准可以制订出不同的英语学习目标，而且不同的教育场所对学习者的学习要求也不同，学校重在培养学生的外语交际能力。学习者外语能力的提高的前提条件是其必须要了解目的语的文化，并且在了解目的语文化的基础上，完成对该文化与自己母语文化的对比，这样就能保证自己可以熟练地掌握两种文化，毕竟语言的学习涉及的也是两种文化的学习。因此，对于语言教学而言，如果教师只是关注语言符号与形式，而不对文化教学予以重视，这必定会削弱语言教学的效果，同时，学生的跨文化交际能力培养与提高也会受到一定程度的影响。

第一，跨文化交际能力是人才培养需要。跨文化交际能力的培养不仅对个体发展有重要的影响，而且对国家，甚至对世界的发展都有一定的影响，基于此，跨文化交际能力培养问题受到了人们的广泛关注。在这个背景之下，跨文化交际学也形成与发展了起来，它是一门注重跨文化研究的学科，提倡要对语言学习者进行跨文化培训，为培养跨文化交际

人才提供了学科指导。不过，需要明确的是，跨文化交际能力的内容十分丰富，不仅包括学习者的情感、心理等行为层次，而且还包括价值观、交际模式等文化层次，可见，一般培训时间较短的跨文化培训对于学习者跨文化交际能力的培养并没有实质性的帮助。要想实现学习者跨文化交际能力的显著提高，跨文化交际学必须要与文化人类学、心理学等学科相结合，这样跨文化交际能力理论将会更加充实，在语言教学中培养学习者的跨文化交际能力就能变得十分顺利。

目前对英语人才的要求越来越高，不仅要求英语学习者要掌握一定的语言理论知识，而且还要具备跨文化交际能力，尤其是在全球化进程不断推进的背景下，跨文化交际能力显得愈发重要。"高校的英语教学旨在提高学生在跨文化交流中的技能，以满足全球化的发展需求"①。跨文化英语教学必须要肩负起应该承担的责任，努力为社会输送具备较强跨文化交际能力的英语人才。

第二，跨文化英语教学是教学发展需要。英语教学虽然是一门强调应用的学科，但是其理论体系的构建同样重要，而且因为这一学科受到教师教育观念、学生学习心理以及社会环境等多重因素的影响，以至于其理论体系的构建必须要与其他学科的研究成果相结合。与此同时，英语教学主要为社会输送社会需要的人才，因此教师的教学理念必须要与时代发展需求相适应，教学大纲也应该与时俱进。在多元文化发展的今天，文化为英语教学打开了一条新的发展道路，跨文化英语教学逐渐被提上日程。

总而言之，跨文化英语教学意义重大，要对其予以足够的重视。一方面，文化确立了其在英语教学中的重要地位，它为学生的语言学习提供了比较真实的语境，使学生在语言学习中能考虑文化场景，连接真人、真事，这就在一定程度上激发了学生学习英语的积极性，并促进了英语教学质量的提高；另一方面，语言教学与文化教学的结合符合跨文化交际能力培养的需要，学生学习文化的渠道广泛，尤其是在信息技术快速发展的今天，他们可以从互联网上轻易地获得自己想要的文化知识。但需要指出的是，通过网络渠道获得文化知识只是一种间接的文化学习，而通过语言学习文化知识则是一种直接的学习，学生在语言学习中可以亲身体验文化，从而使自己可以在情感与行为层面上与跨文化交际能力培养的要求相一致。因此，在英语教学中开展跨文化培训能够取得良好的效果：一方面，使学习者语言学习的需要得到了满足；另一方面，则让学生的跨文化交际能力获得了培养与提高，这同时也表明，英语教学的潜力被挖掘出来了。

---

①柳菁菁.试论高校英语教学中跨文化意识培养［J］.食品研究与开发，2021，42（22）：252.

(二) 跨文化交际思维下英语教学的研究意义

1. 跨文化英语教学研究在英语教育中地位

跨文化英语教学研究对于跨文化英语教学有着很大的现实意义，这是因为二者存在一定的共性，跨文化英语教学研究的目的是培养人们的交际能力以及其适应不同文化的能力，而中国跨文化英语教学把帮助学生完成成功的跨文化交际，提高其跨文化交际能力看作教学最根本的目标。

语言与文化关系密切，相互作用、相互影响，这让文化在语言教学中也占据了非常重要的地位，其实也在表明，在英语教学中，文化是必需的内容，是学生进行跨文化交际的基础。在英语学习中，学习者总是能体会到母语对英语学习的干扰，但是他们并没有认识到文化也能对英语学习产生影响。其实，文化对语言学习的影响很大，一个人要想获得成功的交际，其不仅要掌握一定的语言知识，更重要的是，其还必须要了解交际对象的文化背景，并对相关文化知识做到清楚的掌握，这样才能促成跨文化交际成功的实现。

（1）跨文化英语教学研究为跨文化英语教学实践活动提供理论支撑。英语教学受到许多因素的影响，这些因素包括语言环境、社会规范以及文化规则等，只有将这些因素与语言符号系统紧密结合在一起，才能实现英语教学的有效性，学习者也才能顺利地完成跨文化交际。而对影响英语教学的这些因素所进行的研究其实也是跨文化英语教学研究的一部分，可见，随着英语文化教学的不断开展，跨文化英语教学研究可能会成为英语教学的重要部分，为英语教学实践活动的开展提供理论支撑。

跨文化英语教学研究成果源于教学实践。例如，对跨文化英语听力教学进行研究就必须要英语听力教学实践展开必要的分析。在英语听力理解中，教师经常会听到一些学生在抱怨自己明明已经花费了很多时间去训练听力，可是效果并不好，尤其是当其听到一些生词时，其理解起来相当费力。究其原因就是学生对英语语言背后的文化没有做到清楚的了解，如果他们能对西方文化有深入的了解，那么即使他们不懂得这个生词的意思，只要联系一下该词汇所处的文化语境，其实就能明白其意思，进而也就能顺畅地理解听力材料的内容。鉴于此，文化对听力教学的影响可见一斑，我们可对这一问题展开探讨、研究，还可以将研究成果应用到后续的听力教学中。

（2）跨文化英语教学研究指导跨文化英语教学根本目标的确立。跨文化英语教学的根本目标就是要培养与提高学生的跨文化交际能力，而具体通过跨文化英语教学实现这一目标就需要一定的理论支持，跨文化英语教学研究就为目标的实现提供了必要的理论支持。跨文化英语教学研究包括对跨文化英语教学目标的研究，而且这些研究都是在分析、总结跨文化英语教学实践的基础上得来的，因而既科学，又合理，对跨文化英语教学目标的确立有一定的指导作用。

2. 跨文化英语教学研究推进英语教育进程

当前，国家大力提倡素质教育，培养学生的人文素质、创新素质等已经提上教育的日程，并且开始在高校各专业教学中具体实施。跨文化英语教学在语言教学的基础上重视文化教学，有利于学生掌握较为全面的文化知识，帮助其培养自身的文化素养。而究竟怎样在跨文化英语教学中培养学生的人文素质，这不仅需要教师的努力，而且还需要研究者们的助推，英语教学研究者们通过对跨文化英语教学规律进行探索总结出了不少跨文化英语教学方法，以及一些培养学生人文素质的策略。这些研究成果极大地推进了英语素质教育的进程，使英语教学也能成为素质教育实施的有力工具。

二、跨文化交际思维下英语教学原则与方法

（一）跨文化交际思维下英语教学的原则

从语言使用层面上来看，语言使用需要在一定的文化环境中进行，正是从这两方面看，英语语言教学必然会涉及跨文化教学，而且跨文化教学必然也会通过语言教学来实现。跨文化英语教学活动的开展需要遵循以下原则：

1. 输入与输出并重原则

跨文化英语教学中的知识的输入与输出可以从以下两个方面具体展开：

（1）文化层面。英语教师在跨文化英语教学中，要让学生明白西方文化对于英语学习固然重要，但是如果不了解中国文化，不清楚中西方文化的差异，英语学习也只能停留在语言层面，深层次的文化学习是无法实现的。同时，教师要加大在英语课堂上中国文化的输入，让中国学生了解到中国文化的魅力，从而使其可以在与外国人进行交际的过程中向其进行中国文化输出。

（2）语言层面。跨文化英语教学并不是简单地将文化知识直接展现在学生面前，让其学习、消化，而是要以语言为载体，使学生完成对文化语言知识的输入、吸收，当学生进行文化语言输出时，其就能完成高质量的输出。文化语言输出是十分有必要的，其最重要的作用就是要树立学生的自信心，这样就能在跨文化交际中使用流利的文化语言完成交际。在跨文化英语教学中，输入与输出这一原则对于培养学生文化知识的双向导入的能力至关重要，可以让学生在国际交往中用英语友好而顺畅地交际。

2. 教学体现有效性原则

跨文化英语教学的最终目的就是要对学生进行跨文化交际能力的培养。有效交际的实现需要一定的条件，前提条件是交际双方要共享一套语言系统，而其他条件还包括交际环境、情境以及规范系统。需要指出的是，这里的交际环境包括两部分：第一，宽泛的交际环境，它主要包括地理环境、文化环境等，这类环境能对交际产生间接的影响；第二，具体的交际环境主要包括交际双方的角色、交际发生的具体场合等，这类环境一般可直接对交际产生影响。情境一般是指文化情境，是交际双方在交际时所处的文化背景。规范系统是保证交际双方交际顺利进行的基础，双方都必须要遵循一定的规范。

文化英语教学内容其实是十分丰富的，教师要实现教学的有效性，就必须要将这些内容都纳入教学中来。具体而言，文化知识的引入可以循序渐进地进行。首先，可以将地理文化、情境文化这类相对而言比较浅层的文化引入教学中，先让学生对文化有最基本的了解。其次，教师再将文化深层次的内容——价值观与社会规范引入教学中。这种内容设计与组织是符合教学规律的，因此，教学的有效性能很快实现。

3. 跨文化与语言教学相融合的原则

跨文化教学并不仅仅是文化层面的简单教学，它必须要与语言教学结合起来，这是因为跨文化英语教学的目的是帮助学生培养其跨文化交际能力，使其在跨文化交际中能规避语用失误，因此，跨文化教学绝对不可能离开语言教学而存在。文化教学必须要与语言教学相结合，教师最好可以将文化内容贯穿到语言教学的所有环节中。学生在学习语言的过程中，同时也完成了对文化知识的学习，对于语言知识与文化知识的扎实掌握，能够帮助学生认清文化教学与语言教学的关系，同时也能帮助其进行成功的跨文化交际。

4. 以文化学习促进语言学习的原则

英语课程是一种兼具工具性与人文性的课程，要求学生不仅要掌握基础语言知识，而且还要掌握语言背后的文化知识。因此，教师在进行大学英语课程设置时，必须要考虑学生的文化素质培养以及跨文化交际能力提高问题。

语言是文化的载体，它记录与传承文化，所以，语言的教学与学习也不可能脱离文化而存在。同时，因为语言也承载着丰富的文化，所以语言也变得更加多姿多彩，语言的使用才更加灵活多样。因此，学习者学习英语，不能仅仅学习语言知识，而且还要了解语言背后的文化内涵，只有这样，其才能灵活地使用英语。而对于英语教师而言，在英语教学过程中，其不仅要向学生传授词汇、语音、语法等语言知识，而且还要向学生传授文化知识，让其将文化知识的学习融会贯通到语言学习中，这样其语言综合运用能力就能有所提高。

英语教学应该强调以文化为中心，学生在学习语言的过程中完成对文化知识的学习。不过，这里的文化知识是全面的。跨文化英语教学给学生提供的文化知识很全面，这可以在一定程度上拓展学生的知识面，拓宽其文化视野，在此基础上，其就能了解到文化知识对于英语语言学习的重要性，从而根据自己实际的学习情况调整自己的学习目标与学习计划，将文化知识学习纳入自己的学习体系之中，对中西方文化知识的了解与掌握，能帮助学生成为真正的跨文化交流人才。

（二）跨文化交际思维下英语教学的方法

1. 课堂教学的方法

（1）挖掘教材中所蕴含的人文精神，结合教材丰富学生的人文背景知识。学生英语学习并不仅仅是语言的学习，文化知识的学习同样重要，这是因为英语文化背景知识能帮助学生理解语言的语境，使其可以准确理解词汇、句子的含义。在英语学习中，不少学生经常会遇到这样一个情况，明明这篇文章中的每一个单词都认识，每一个句子也能翻译出来，但是如果从整体上把握整篇文章，学生就非常吃力，这主要是因为学生缺乏必要的文化背景知识。这就给学生提出了新的要求，学生不仅要学习语音、词汇与语法等语言知识，而且还要对各种文化知识有所了解，只有对文化有清楚的了解，其才能感知文章的主要内涵，准确地理解文章含义。语言是文化的一部分，如果学习者只学习英语，而不了解英语背后的文化知识，那么，英语学习只是一种浅层的学习，这就要求教师在课堂上可以在分析英语教材的基础上，向学生传授一些与教材相关的文化背景知识，从而帮助学生更好地理解语言与文化。英语教材所收录的内容十分丰富，其并不是简单的一本书，它囊括了不少西方人文知识，能帮助学生了解西方文化。教师向学生传授人文知识，不仅是要他们掌握这些知识，更重要的是要让这些知识对学生的价值观、人生观以及世界观的形成产生积极影响，以使他们可以在社会上生存并发展。

（2）通过对文学和影视作品的鉴赏来培养学生的人文精神。许多文学作品与影视作品中所呈现的英语表达恰恰是英语的地道表达，同时还呈现了西方文化的真实面貌。因此，在跨文化英语教学中，教师在讲解某一部分内容时，可以适当地为学生播放一些与内容相关的经典英文电影，也可以推荐给学生一些与此相关的经典文学作品。经典的电影与文学作品往往是人生观以及世界观的准确传达途径。

（3）运用教学方法来塑造学生的人文品格。教师要把以教师为主体的传统教学方法转变为以学生为主体的教学方法，并对学生的自主性学习意识与能力进行培养。在这个网络时代，教师要多用微信等与学生进行交流，了解学生的人文诉求，这样教师就能根据学生的实际需求来搜寻文化知识。文化知识当然是多多益善，教师可利用网络搜寻文化知识，丰富的文化知识有利于对不同学生的人文品格进行塑造。

2. 第二课堂教学的方法

（1）组建各类英语社团或俱乐部。每个高校都存在着大量的社团与俱乐部，这里是发挥学生所长的地方，是激发其主动性、想象力、创造力的场所，是培养团队合作意识和协调能力的绝佳平台，当然也是其英语语言实践的有利场所。社团和俱乐部可围绕某个特定主题开展相应活动，并聘请外教和骨干英语教师作为特邀嘉宾予以指导。

（2）举办英语文化节。为了让学生更加主动地学习英语，高校可以为学生设立一个英语文化节。同时，对学生展开调查，了解学生们喜欢的活动形式，并在节日期间举办多种多样的活动，例如，英语歌曲比赛、英语电影配音等。同时，在这些活动中，学生是主体，但是高校也不能将所有的活动组织都推给学生，高校以及外语学院有关部门也应该积极参与进来，共同推动英语文化节的举办，这在一定程度上还能拉近教师与学生之间的距离，促进教学有效性的实现。更重要的是，举办英语文化节可以被当作一种学校文化传统延续下去，长此以往，学生们就会更加乐于学习英语，认识到英语的魅力。

（3）编辑英文杂志。可以在学校设立一个英文杂志编辑部，只要是喜欢英语的学生都可以将自己的英文稿件投稿到编辑部，当学生的稿件一经选入并在杂志上刊登时，学生的自信心就能迅速建立起来，其学习英语的积极性也能调动起来。不过，为了确保英语稿件的质量，编辑部征稿、审稿的人必须要了解一些常规的出版知识，有着较高的英文水平。

（4）举办英语竞赛。高校还可以为学生提供多样的竞赛平台，以保证学生可以获得展示自己英语才华的机会。高校举办的竞赛活动形式要多样化，同时举办频率也要高一些，这样学生就能时刻都有竞赛可以参与，其英语水平也能有所保障。

（5）在日常生活中学习英语。英语学习当然要重视理论的学习，毕竟理论知识是学生运用英语的基础与前提，但是与英语基础理论知识学习相比，英语实践教学更加重要。因此，学生要想学好英语，就必须要将英语学习践行到生活中，从日常生活中接受西方文化的熏陶，多与学校的留学生交朋友，多与学校的外教交流，这样学生就能使自己置身在英语文化环境中，从而培养自己的英语应用能力与跨文化交际能力。此外，高校还可以通过设立英语广播站无时无刻为学生播报英语新闻，让学生学习英语的地道用法。同时，还可以在校园报告厅中定期放映一些经典英语影片或一些生动有趣的视听材料，让学生经常能领略到英语的魅力。

（6）创办"英语学习种子班"。可以从不同学院中选拔一些英语成绩较好的学生，并对其进行统一的口语、听力等方面的培训，这些培训必须要在"第二课堂"中进行，当这些接受培训的学生顺利"毕业"之后，其就可以回到各自学院，将英语学习的先进方法传授给其他同学，从而带动其他同学的英语学习积极性。

（7）建立基于网络的大学英语自主学习平台。教育领域的研究内容有不少，而自主学习长期以来都是研究的重点与热点。在课程与教学论领域，自主学习能力被看作是一项教学目标，培养学生的自主学习能力成为教师的任务之一；在学习论领域，自主学习被看作是学习方式的一种，这种学习方式水平较高，能保证学生学习的质量。

在"第二课堂"中开展自主学习，可以通过不同的手段进行，主要包括：第一，自主学习中心。这是一种比较特殊的教学方式，该方式的使用转移了人们的注意力，人们的注意力从自主学习的组织转变为自主学习与课程的结合。第二，计算机辅助教学。计算机技术的发展给教育领域带来了巨大变革，英语教学也不例外。英语跨文化教学需要大量的文化资源，利用计算机技术，学生可以自由地从互联网上获取相关资源，并且能对获取的资源进行分析、思考，从而有效地提高其自主学习能力。第三，串联学习。两个学生之间分别学习对方的语言作品，并对作品进行合理的评价，促进彼此的再进步。通常情况下，它与自主学习往往相伴而生，两种学习方式的学习能发挥更大的效力。

随着计算机技术的飞速发展，人借助网络能较好地实现学生的自主学习目标，网络在这一目标实现上往往表现出两大优势：第一，能为学生创设比较生动的语言环境。传统跨文化英语课堂比较枯燥，学生一般提不起学习的兴趣，网络以图片、音频与视频给学生带来了丰富的感官刺激，极大地刺激了其英语学习的积极性；第二，能将学生的主体地位凸显出来。网络能让不同的学生找到适合自己的学习资料与学习方法，能促进学生个性化学习的实现。

基于网络在跨文化英语教学中的重要性，高校可以建立一个基于网络的大学英语自主学习平台，为学生提供自主学习、交流探讨、教师指导等不同模块，如自主学习模块是学生自主完成探究的模块，交流探讨是学生与学生之间就某一问题进行探讨的模块，而当学生遇到无法解决的问题时就可以在教师指导模块上向教师请教。

三、跨文化交际思维下英语教学内容

（一）目的语教学与目的文化教学

目的语教学与目的文化教学这两方面教学内容与当前英语教学内容是一致的，经过这两类知识的学习，学生不仅能够掌握目的语语言知识，而且还能运用所学的知识与目的语群体进行有效的交际，这种能够有效交际的能力就是外语交际能力。此外，在这两个模块教学中，还可以增加语言意识和文化意识教学。之所以要将语言意识纳入模块之中，主要的原因就是希望学习者在学习完英语之后，可以将英语与自己的母语进行比较，进而发现二者的差异，总结语言的普遍规律，最重要的是要能认识到社会、文化在语言形成与发展过程中所起的重要作用。而培养学习者的文化意识则是让他们对中西方文化有足够的了解，保证其跨文化交际能力能有所提高。此外，文化教学还涉及文化交流这部分的内容，文化交流是学习者本族文化与目的文化之间的交流，换言之，学习者在学习英语的过程中还要多接触西方文化，从而保证自己可以在中西文化对比中认识到本国文化的优势以及西方文化学习在英语教学中的重要性。文化交流与文化使用并不是单独存在的，二者一般属于一个范畴之内，相互作用。

（二）其他文化教学

跨文化交际能力是学习者在掌握目的语言以及文化的基础上产生的，同时学习者还要兼顾母语以及本国文化，以使自己可以在两种文化的交流中实现跨文化交际能力的提高。可见，英语教学不能排除其他文化的内容，一旦其他文化内容脱离于英语教学内容之外，那么，学习者在语言学习过程中就会忽略其他文化，显然，跨文化交际不是一种文化的交流，其他文化也要参与其中，这就导致学习者很有可能无法形成跨文化意识。当然，英语教学的课时是有限的，教师与学生在课堂上的精力也是有限的，学生无法较为全面地体验多种文化系统，但是教师通过选择恰当的教学教材，组织新颖的教学活动，是可以让学生在情境中体验不同文化的，虽然这种体验可能与目的文化有一些差距，但是这在一定程度上也能摆脱母语文化对英语学习的影响。

（三）跨文化交际能力的培养

跨文化交际能力的培养涵盖了知识、能力与情感等诸多层面，也就是学习者不仅要学习跨文化交际知识，而且还要培养跨文化交际态度，具备一定的跨文化交际能力。具体到跨文化交际能力的培养问题，还是需要跨文化交际实践来完成，教师为学生创设文化交际情境，学习者在情境中扮演角色，完成文化交际，这样学习者就能在交际中了解到一些交际注意事项，认识到文化冲突是无法避免的。当学习者在具体开展跨文化交际实践时，其就会更加自如。

跨文化交际能力培养还包括了跨文化研究方法方面的教学，因为跨文化交际能力的培养并不是一蹴而就的，它需要学习者通过一生的努力来完成，如果只靠在校期间的教育来学习文化知识，显然是非常不切实际的，教师根本无法预知学习者在学习过程中遇到的所

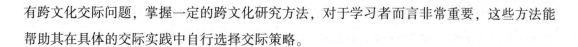

有跨文化交际问题，掌握一定的跨文化研究方法，对于学习者而言非常重要，这些方法能帮助其在具体的交际实践中自行选择交际策略。

四、跨文化交际思维下英语教学策略

（一）丰富课堂教学内涵

丰富课堂教学内涵，能强化教学中的文化性。具体而言，教师可以采取以下策略：

第一，充分利用多媒体直观教学。多媒体直观教学将教学材料生动地呈现给学生，能调动学生学习的积极性，给学生留下深刻的印象，更好地完成教学任务。例如，在具体的教学过程中，教师可以通过电影短片来反映中西文化差异，多媒体便于控制，并且能反复播放，学生可以对短片进行模仿或改编，将学习与练习相结合，更好地理解与把握文化差异。需要指出的是，多媒体教学也存在一些不足之处，如果教师不注意克服，会使教学流于形式。教师在制作多媒体、实施教学环节设计时要把握好科学性与实用性，从而获得良好的教学效果。

第二，加强英汉语言、文化差异的宏观比较。语言是传递文化的媒介，通过对语言进行宏观比较，可以更好地理解文化差异，促进语言学习。通常而言，一个人对文化理解越透彻，对语言理解就越深入。在大学英语课堂上，教师对英汉语言、文化差异进行宏观比较，有利于学生从整体上把握两种语言与文化的差异，从而正确地使用英汉语言，促进跨文化交际顺利进行。

第三，发掘文学作品中有益的文化素材。文学作品中通常含有很多文化素材，能体现出较为深层的文化底蕴。中国与英美国家在历史、地理、风俗等方面存在显著的差异，但是文学作品中都蕴藏着浓厚的民族文化意蕴。人们可以通过其他文化对自身文化进行反观，在接触其他文化的过程中，对民族的差别与联系有更深入的理解，进而对文化有更好的认知，这些文学作品中的精髓通常会对民族性格与精神产生深远的影响。学生经常阅读这些作品，能够锻炼并提高思维能力、鉴赏能力，能够对不同社会的文化行为与价值观进行理解。

（二）组织课外文化活动

第一，文化讲座。教师可以邀请文化学者和专家进行文化讲座，有效地帮助学生提高文化修养。文化讲座通常主题明确，论证有力，兼备高度、深度与广度。通过文化讲座，学生能快速地了解英美国家的文化背景知识。此外，文化讲座中经常会安排讲座者与听众的互动，学生可以就自己思考的问题与讲座者进行交流，这有利于锻炼学生的文化思维，提高学生对文化的认识。"通过对英语国家的历史地理、风土人情、传统习俗、生活方式、文学艺术、行为规范和价值观念等文化知识的学习，不断强化英语文化意识的培养，有助于学生深入了解英语国家人的思维方式和思维习惯，理解英语所蕴藏、承载的思想内涵"①。

第二，关注大众传媒。文化传承是大众传媒的主要功能之一，在日常生活中，常见的大众传媒有广播、电视、图书、报纸、杂志、网络，它们一般具有较强的时效性。通过大众传媒，学生可以了解最新的资讯，把握世界文化的脉动，教师可以就某一文化热点问题给学生布置作业，要求学生对此展开讨论，使学生通过对这些问题的关注逐渐了解相关文化的内涵，更好地认识世界。

第三，英语文艺会演活动。英语文艺会演活动可采取多种形式，对提升学生的英语学习热情、巩固英语运用能力等都具有不可替代的作用，具体体现在：①在英语文艺会演之前，每个参与者都必须进行相关准备，这有利于在无形中提高学生的语言能力；②英语文艺会演的节目水平通常与学生的英语学习水平相当或者更高一些，这对于表演者、观看者都能起到巩固学习成果、深化对语言知识理解的作用；③英语文艺会演气氛轻松、趣味性强，可使学生真实感受英语的实际作用，所以很容易激发他们对英语学习的兴趣与热情；④参与表演的过程是一个极好的展示机会，学生既可使听、说技能得到很好的锻炼，还可以通过表演树立自信心。

第四，英语专题性活动。开展专题性英语实践活动，不仅有利于学生协调发展阅读、写作和口语交际能力，还有利于提高学生在实践中综合运用语言文字的能力，因而也是英语课外教学活动的一种有效方式。英语教师组织专题性活动时，应从三个方面进行综合考虑：①学生的英语水平和生活经验；②学校和学生的实际情况；③依据活动主题的不同特点，灵活选择完成方式，如独自完成或小组合作完成。

第五，英文歌曲演唱。在课外活动中，英文歌曲演唱也是比较常见的一种活动。教师应鼓励学生参加英文歌唱小组，这样既能使学生的心理需求得到满足，也有利于促进学生听力水平的提高。与此同时，教师可将英文歌唱小组与英文歌唱比赛两种活动结合起来，并计算出成绩，依次排序，使学生获得成就感，同时提升学生的集体荣誉感，培养学生的团队合作精神。教师应认真选择英文歌曲，具体需要注意：①内容的趣味性。为了激发学生的兴趣，使学生主动参与活动，教师应尽可能选择内容有趣的英文歌曲，让学生感受听歌与学歌的乐趣。②语言的真实性与可操作性。教师既要确保所提供的英文歌曲语言的真

---

①张懿. 论大学英语教学中"跨文化交际意识"的培养 [J]. 大家，2010（13）：358.

实性，使学生在真实的语境中学习纯正的英语，又要确保歌曲语言具有可操作性。③难度的层次性。学生的语言水平与听力水平不同，教师可以据此分配小组成员，并为不同的小组选择不同难度的英文歌曲。

五、跨文化交际思维下英语文化体验教学

"语言是文化的重要承载形式，学习某种语言与了解该语言背后的文化是分不开的"①。在我国培养学生的英语交际能力对于英语教学具有重要的意义，主要体现在以下方面：

第一，培养跨文化认知能力。为了使高校培养的大学生能够符合社会对人才的需求，为了使大学生在未来的实际工作中能够运用英语这门语言，高校的英语教师在日常的教学过程中就需要注重培养学生的多方面英语能力，从而提升大学生的英语综合素质，如大学生的英语口语能力、听力能力以及阅读能力等。由此可见，在跨文化交际中，学生的跨文化认知能力十分重要。通常学生的跨文化认知能力包含多种不同的因素，如学生的情感因素等，其主要是指学生在学习英语的过程中不仅要了解和熟悉我国的优秀传统文化，还要了解和熟悉西方文化的文化传统，这样学生才能够在熟悉中西方文化的基础之上对世界有更加深刻的认识和领悟。

第二，培养跨文化情感能力。情感因素就是指在具体的跨文化交际实践中交际双方的态度以及表达的情感、情绪等，这种因素也会对交际的顺利开展产生很大的影响。在很多情况下，情感因素的发挥会影响交际双方交际的成败。因而在实际的高校英语教学中，教师要着重培养和提升大学生的跨文化情感能力，使学生在不同的场合能够恰当地处理自己的情感，从而使跨文化交际更加顺利地开展。

第三，培养跨文化行为能力。行为因素就是指在具体的跨文化交际实践中交际双方运用的各种技能以及一定的交际能力。例如，两个具有不同文化背景的人在交谈中如何切换他们交谈的主题或者如何有礼貌地结束这次谈话的能力等。在跨文化交际中，学生的跨文化行为能力也是其交际成败的重要影响因素，因而教师要适当地采取适合的举措来提升学生的跨文化行为能力。

英语文化体验教学是一个全新的教学方式，它能够显著提升大学生的英语学习效率，能够使学生热爱英语，愿意用英语进行沟通和交流。跨文化视域下英语文化体验教学方法主要包括以下方面：

---

①向刚. 跨文化背景下茶文化在高校英语教学中的应用 [J]. 福建茶叶，2021，43（7）：179.

（一）创设英语文化的体验情境

在实际的英语教学中，学生需要掌握大量和英语语言有关的文化知识，这些文化知识有一些是浅显易懂的，还有一些比较生僻和拗口，需要大学生在一定的情境中体验并掌握。对于高校的英语教师而言，他们在课堂中创设英语的教学情境一定要注重体验内容的真实性。教师创设的英语情境离学生的日常生活越近，学生越能够深刻地理解这些文化知识。

在大学英语的文化情境体验里面有很多互动的环节，如教师与学生之间的互动、学生与学生之间的互动以及学生与情景之间的互动等，在这种互动的过程中，学生很容易理解和掌握相应的文化内涵，这种情境还能够加深学生的记忆。因而教师要积极地为学生创设一定的文化体验情境，帮助学生更好地学习英语知识以及文化等。

（二）布置自主学习的体验任务

目前，我国的教育改革强调以学生为中心，要调整教师和学生的角色定位，从而使学生成为学习的主人。因而在高校的英语文化体验教学中也要强调以学生为主体，教师要引导学生开展自主学习，让学生真正成为自己英语学习的主人。这就要求教师无论在课堂的教学中还是在学生课下的学习中，教师都要突出学生的主体地位，让学生在体验中学习和掌握相关的英语文化知识。众所周知，在现代化的信息技术时代，每个学生都有多种途径来获取信息资源，学习西方的文化知识，因而英语教师可以借助先进的信息技术来辅助高校的英语教学，从而提升教学的质量。具体分析而言，教师可以给学生布置一定的自主学习体验任务，让每个学生都能够合理分配自己的学习时间，通过网络等多种渠道来完成教师布置的自主学习体验任务。这不仅能够提升学生的学习积极性，还能够让学生在有限的时间内掌握更多的文化知识。

（三）渐进地引导学生文化体验

在实际的教学中，教师应用英语体验文化教学方法时一定要遵循循序渐进的原则，要兼顾教学的需求以及学生的实际英语水平。在实际的大学英语文化体验教学中，教师需要在课堂中为学生选择适合的教学内容，教学内容既不能太简单，让学生失去兴趣，也不能太难，打击学生的自信心，教师可以遵循最近发展区的原则为学生设计教学的内容，先为学生提供带有难度的内容，调动学生的积极性，发挥其潜能，超越其最近发展区而达到下一发展阶段的水平，然后在此基础上进行下一个发展区的发展。

六、跨文化交际思维与英语教学的有效融合

（一）跨文化交际思维与英语听力教学的有效融合

在学习者使用英语这门语言的过程中，听力是一个重要的环节。通过听力，学习者可以听到和接收各种语言的信息，然后处理信息。在高校的英语教学实践中，英语听力教学是一项重要的教学内容，这是因为对于大学生而言，他们在交际中首先就是需要听得懂对方的交际内容，接着他们才能够进一步交流。此外，需要注意的是，英语听力教学非常重要，是人们交际的重要基础，然而大学生英语听力的提高是一项长期而艰巨的教学任务，它不是一朝一夕就能够完成的，其需要教师和学生付出长期的努力才能够实现。

在我国传统的英语课堂教学中，通常英语教学都是由教师的知识讲解作为首要的步骤。具体分析而言，英语教师先在课堂中系统地讲解相应的英语知识点，接着学生初步地分析和理解教师讲授的内容，接下来学生就开始通过反复的英语口头练习来进一步巩固教师讲授的知识，并把这些知识内化吸收到学生的知识结构中。但是，根据建构主义的相关理论可知，学生学习一定的知识实际上是学生自身对知识的建构，并不是完全依赖于教师的讲解，因而在教学中要强调学生的主体作用。

教学活动是一项复杂的活动，它的活动主体就是教师和学生。因而在高校的英语教学实践中，教师和学生都发挥着重要的作用。从教师的角度进行分析，教师是大学生英语学习的重要指导者和辅助者。从学生的角度进行分析，学生才是英语学习的主体，大学生通常在教师的指导下开展英语的学习活动，在自己的头脑中构建知识。因而英语教学过程不仅能够促进教师的发展，也能够促进学生的成长和发展。然而在实际的教学中，不管是教师的教学过程，还是学生的学习过程，师生需要面临的一个共同问题就是如何激发学生的英语学习兴趣，从而使学生主动地学习英语。尤其在英语听力教学中，教师更要创设更多的条件来激发学生的英语听力学习兴趣。

英语听力教学可以大幅度提升大学生的英语学习兴趣，其具体表现在四个方面：第一，为学生的英语学习呈现新的信息；第二，帮助大学生整合学习的新知识和旧知识；第三，促进学生使用已经习得的知识并合理评价习得的知识情况；第四，促进学生把英语听力技能和其他技能进行结合。

交际能力是指大学生在英语学习中不仅要学习和掌握正确的英语语法规则等知识，大学生还要能够在具体的地点、面对不同的交际对象而使用恰当合理的语句进行交际和对话。换言之，对于大学生而言，大学生学习一门语言，不仅要掌握其语法规则等重要知识

点，还要学习在适合的时机运用这门语言。一般而言，交际能力主要包括四种不同的能力：一是语言能力；二是社会语言能力；三是语篇能力；四是策略能力，这四种能力对于大学生而言都是十分重要的，需要大学生在学习语言时不断提升各方面的能力，从而使学生通过英语听力的教学最终提升其实际的交际能力。

1. 文化差异对英语听力教学的主要影响

在英语教学中，要重点培养大学生的英语听力、口语、阅读、写作以及翻译的能力，其中大学生的英语听力教学一直是处于劣势的地位。因此，在英语教学中，教师要合理地引导学生了解和熟悉中西方文化之间存在的差异，使学生意识到文化差异对英语这门语言学习的影响。

（1）语言语用失误。所谓语言语用失误主要是指学习者在使用某种语言的过程中套用语义失误的现象。实际上，在英语的听力教学实践中，英语的语用失误会给学习者的听力理解带来很大的负面影响，会严重影响学习者的判断。在实践中，所谓语用失误就是指交际的对方并没有真正理解说话者表达的意思，他们之间的沟通存在误解，因而他们之间的交际很难正常进行下去。通常语言的语用失误都是由一定的原因造成的，具体包括以下内容：

第一，不恰当的母语迁移。汉语和英语是两种完全不同的语言，这两种语言的结构、词汇等都不同，且中西方之间存在较大的文化差异。对于学生而言，他们在学习英语的过程中几乎都是使用汉语进行交流的，因而汉语的表达以及思想等必然会对大学生的英语表达等产生一定的影响，即母语迁移。在具体的英语听力课堂教学中，学生极有可能把汉语的一些表达习惯以及方式迁移到英语的表达中，从而出现失误的现象，这就是一种负向的迁移，非常不利于学生的英语学习。

第二，未了解汉、英词语的文化差异。由于文化之间的差异，英语和汉语这两种语言没有办法做到词汇对等。因而对于大学生而言，他们在学习英语的过程中一定要充分学习和了解中西方文化之间的异同，从而更加准确地理解英语表达的意思。实际上，由于部分大学生不了解西方的文化，更不了解中西方文化之间的差异，因而一些大学生就会从本族语言的视角来学习英语，从而出现一些交际中的失误。

（2）社交语用失误。社交语用失误主要是指交际的双方人员由于社会地位、身份以及学识等不同而在交际的过程中出现的语用失误，这种失误产生的原因有很多，如交际者的身份特殊、交际者的文化程度以及交际者秉承的价值观等。以下重点探讨态度与习俗对社交语用失误的影响。

第一，态度对社交语用失误的影响。所谓态度一般是指人们对某种现象或者对象所保持的一种习得性倾向。人们在日常的生活和工作中一旦形成了某种态度，那么这种态度就会相对比较稳定，有一定的持续性。通常态度由三个部分的内容构成：①认知；②情感；③意动。态度有多种不同的类型，下面具体分析态度中的定式以及偏见。

首先，定式。定式一般也称为"刻板的印象"，它是人们在分析和感知外界事物时所采取的一种相对比较简单、粗糙的态度。在跨文化交际的研究范畴中，定式一般就是指人们过分地夸大了不同群体之间存在的差异，而忽视了不同个体之间存在的差异。通常定式包括两种类型：第一种是社会定式；第二种是文化定式。通常情况下，定式对人们的判断和人们获得的信息数量有很大的影响，即当人们获取了比较少量的信息时，人们在判断问题时就会过多地依赖于定式，反之则依赖较小。实际上，定式并不一定完全带来负面的影响，因而人们在生活、工作以及学习中也不能够直接消除定式。在学习者的日常学习中，学习者应该更加科学、准确地了解定式，并且合理地看待不同学生之间存在的个体差异，这样才能够使定式产生积极的正面影响。

其次，偏见。偏见一般是指人们的某个个体或者群体持有的一种不是十分准确的判断，而且这种判断往往是负面的，是一种否定性的看法。在人们的生活以及工作中，有很多种因素会导致偏见这种现象的产生，如生理方面的因素、社会化的因素、社会利益的驱使以及经济利益的因素等。

从事实来看，定式和偏见有很多相似的地方，而且在一定的条件下二者可以进行相互转化。在定式中，其一般由两部分的内容组成：一部分是符合事实的部分，即人们熟悉和了解的内容；另一部分是不符合事实的部分，这部分内容实际上就是一种偏见。

第二，习俗对社交语用失误的影响。所谓习俗一般是指人们在长期的生活中和实践中形成的一种约定俗成的规范，这种规范被一个地区或者区域内的大多数成员遵守。需要强调的是，这种习俗的规范不受到法律的约束。一旦某个地区的人们在日常的生活和工作中形成了某种习俗，那么这种习俗就会延续较长的时间。一般情况下，习俗对某个固定地区人们生活习惯等都会产生较大的约束，从而持续规范人们的各种行为。习俗的感染力是非常强大的，一旦集体中生活的某个人意识到自己的行为和其他人不同时，习俗就会促使他转变自己的行为，从而使自己融入集体之中。

习俗的内容十分广泛，其中习俗中的禁忌文化就是重要的内容。所谓禁忌就是指人们在日常的生活和交往中不能够提到和接触的事情。在大多数人的观点中，禁忌一般有两种：一种是禁忌的事物；另一种是禁忌的事情。总而言之，禁忌文化的来源十分复杂，人们很难确定它的来源以及发展历程，但是这种禁忌习俗却对人们的生活起到了一定的约束作用。

2. 跨文化交际思维下的英语听力教学分析

对于大学生而言，听力能力是一种十分重要的能力，英语听力要求大学生具备较强的语言敏感性。语言敏感性的培养不是一蹴而就的事情，它要求在熟练掌握语言的基础之上了解中西方的文化差异，从而主动地去了解和学习语言背后的文化知识。

教师在英语教学中要把英语的听力教学和英语的口语教学结合起来，从而使学习者可以在练习英语听力的同时练习英语口语，这也是一个积极的互动过程。教师可以通过听与说的结合，把交际互动观直接引入英语听力教学。在学习者的日常学习活动中，学生练习英语听力最常用的方式就是开展英语对话。对话就会有交际的双方，他们之间也会有一定的互动，也会有语言的听和说。在开展英语对话的过程中，交际双方都要掌握一定的英语听力技巧和口语技巧，从而使交际更加顺利、高效。由此可见，在高校英语的听力教学中，把英语听力和英语的口语结合起来进行学习，就可以使单一的英语听力练习变成一种互动的对话。换言之，教师把交际互动观引入英语的听力教学中不仅可以丰富学生的练习内容，激发学生的听力学习兴趣，还能够增强学习的互动性，使学生乐于学习英语，这也使英语听力的学习过程变得更加有趣味性。

听力教学应尽力让学生全方位、多层次地接触不同层面的英语。英语听力课和阅读课以及写作课等有很大的不同，它要求学生充分运用自己的听觉器官，同时大脑要快速地飞转来分析获取的信息，从而做出合理的判断。在练习英语听力的过程中，如果学生一直处于一种十分紧张的状态之中，学生就很有可能会判断失误，从而降低听力学习的效率。教师可以引导学生通过具体的语言实践，了解和掌握获取各种文化背景知识的方法。从影视作品、书本等渠道了解说英语的人的说话习惯和交流方式，这样会提高英语学习者的学习兴趣，使学生减少听力理解的障碍和失误。

（二）跨文化交际思维与英语口语教学的有效融合

英语口语教学的主要目的在于帮助学生敢于开口说英语，敢于使用英语与其他人进行交流和沟通，从而更好地发挥英语的交际工具的作用。在英语口语训练中，涉及两个步骤：一是传递信息；二是接收信息。具体分析而言，英语口语教学的步骤主要为：输入、操作、输出，这是一个循环往复的过程。

1. 文化差异对英语口语教学的主要影响

（1）词汇文化因素对高校英语口语教学的影响。对于学生而言，如果在交际中想要表达一定的思想以及情感，就必须具备一定量的词汇储备，这样他们才能够在交际中做到有话可说。此外，随着国际的交流变得越来越密切，我们与其他文化背景的人进行交流的概率变得越来越大。因而对于高校而言，教师在开展英语口语教学时一定要向学生讲授不同文化之间存在的文化差异，从而增长学生的见识，提升学生的跨文化意识。

（2）思维模式因素对大学英语口语教学的影响。英语和汉语是两种完全不同的语言，因而使用这两种不同语言的人们也会持有不同的思维方式以及思考模式。实际上，这种差异也会影响大学英语的口语教学实践。例如，对于很多学生而言，他们在生活和学习中几乎都是使用汉语进行沟通和交流，因而当他们开口尝试着用英语进行交流时，他们习惯于开口讲"中式英语"，他们往往使用汉语的表达习惯和句子结构等来表达英语的句子，实际上这是一种错误的表达方式，它不符合西方人的英语表达习惯，难以被西方人接受和理解，因而这种母语产生的负面影响极有可能影响英语口语教学的顺利开展。除此之外，思维模式的不同还会在一定程度上影响大学生的英语口语的流利程度。对于大多数学生而言，已经有了固定的汉语思维，当他们用英语表达思想时，他们就需要转换思维模式从而确保意思准确，但是这种转换需要花费一定的时间，使学生的英语口语表达变得不是很流利。

2. 跨文化交际思维下的英语口语教学分析

（1）跨文化交际思维下英语口语教学的原则。

第一，先听后说原则。在英语的表达中，学生听英语和开口说英语这二者之间有紧密的联系，它们二者互为基础。实际上，在实际的英语口语对话和交流中，交际双方都必须先要听取对方的讲话内容，才可以进一步继续回答对方的问题，用英语口语表达自己的思想和看法等，因而在跨文化交际中，交际者需要遵循先听后说的原则，从而促进交际的顺利开展。

第二，互动原则。在英语口语教学中，口语练习是一个重要的组成部分，它需要教师耐心的指导和教授，它还需要学生付出较多的时间以及学习精力来学习和练习。众所周知，学生的英语口语练习本来就是一件比较单调和枯燥的事情，这时候如果学生没有适合练习英语口语的环境，学生就很有可能会放弃学习英语口语。由此可见，在英语口语的教学中，教师为学生创设一定的口语练习环境至关重要。这也要求在英语口语教学中要坚持互动的原则，让大学生都能够在互动的过程中学习和练习英语口语，提升学生兴趣的同时激发学生的热情，从而提升每个大学生的英语口语表达技巧。

第三，循序渐进原则。英语口语的练习和掌握是一个长期的过程，需要学习者在练习的过程中遵循循序渐进的原则，从而由浅入深地学习和掌握英语口语的相关知识和技能。来自不同地区的大学生往往会使用不同的方言，这些学生在学习英语口语时一定要适当地克服方言发音对英语口语发音的影响，从而使自己的英语口语发音更加准确、合理。此外，在具体的教学计划安排中，学校的相关管理人员以及教师等也需要遵循循序渐进的原则来开展各项英语口语教学工作，即教师制订的教学目标不能太高，否则就会给学生造成很大的心理压力，使学生在学习英语口语时始终感到压力重重，体会不到学习的乐趣；教师制订的教学目标也不能太低，否则也难以激发学生的学习积极性，打击学生的积极性和自信心。

（2）跨文化交际思维下英语口语教学的方法。

第一，文化植入法。在人们的现实生活中，如果某个平台没有任何的播放信息，只是一直在播放广告，那么无论这个广告多么生动有趣，它都很难持续地吸引人们的目光。文化的学习也是相同的情况，如果只是单独地开设一门文化相关的课程，那么由于文化往往内容庞杂而会使很多学生提不起兴趣。但是在实际的英语教学中植入一定的文化则会带来比较好的效果，它不仅能够恰当地吸引学生的注意力，同时能够加深学生的理解，使学生在掌握背景文化知识的同时学好英语的口语知识和技能。

首先，文化植入的原则，主要包括三个方面：①在精不在多原则。在具体的英语口语训练中，教师一定要选择适合的机会和节奏来植入文化，不要求教师要植入大量的文化，但是教师植入的文化一定要注重质量，要找准"切入点"，从而激发学生对英语口语的学习兴趣，使每个学生都愿意开口主动练习英语口语。②适当原则。在实际的英语口语教学中，英语教师并不是肆无忌惮地植入文化，他们在植入文化时也要遵循适当的原则，即教师要充分考虑学生的年龄层次、兴趣以及学生的实际学习情况等，从而通过文化植入来提升大学生的英语口语技能。所以，英语教师在植入文化时一定要准确地把握适当的原则。③服务于口语教学原则。在实际的高校英语口语教学中，教师进行文化植入的目的性非常明确，那就是要服务于英语的口语教学，提升大学生的英语口语水平，因而文化植入还要遵循"服务英语口语教学"的原则。

其次，文化植入的方式。在植入文化的时候，并不能采用非常生硬的方式，要是这样的话，就和一般的文化课程没有差别了，所以对于教师而言在教学的时候就应该采用比较合适的方式，将这些内容融入教学中，让它能为口语教学服务，同时需要注意的是不能喧宾夺主，而是应该起到潜移默化的效果，具体而言，可以采用直接呈现和间接呈现的植入方式。

在教学的时候不可避免地会遇到许多与文化有关的主题，教师就可以将这些内容更为直观地呈现给学生，引导学生深入理解此类文化主题。对于教师而言，就可以灵活选择教学手段导入教学内容。例如，如果教师的讲授与建筑物有关，那么在课堂上就可以多一些建筑物的表达呈现方式，如教师可借助多媒体，将不同时代的建筑播放给学生看，直观的视觉作用就会让学生对这些不同的建筑有更深刻的理解。在教学的时候教师也应该掌握教学的不同表达方式，让学生能对所学习的内容进行实际操练。在表达的时候，学生对这些知识的印象就会更为深刻。

除了直接呈现的方式，教师还可以根据不同学生的情况采取间接呈现的方式，逐步将与文化相关的内容融入教学活动中，如在学习商务礼仪的时候，就不可避免地会遇到与酒有关的礼仪，此时教师就应该在其中植入酒文化，让学生对其有一定的了解。一般而言，教师可以设计一些比较有趣的英文选择题，可以让学生进行抢答，这样显然可以提高课堂效率，让学生以更为饱满的热情投入学习中来，学生在锻炼的过程中能逐步提高自己的口语交际能力，并拓宽自己的知识面。

第二，文化渗透法。在教学中，文化植入与文化渗透之间还是有一定的共同点的，教师需要在教学中导入一定的文化因素，一般而言，因为语言是在不同的文化背景之中产生的，所以就应该结合不同的语境去分析语言的含义。在具体的口语教学过程中，教师也可以通过文化渗透的方式逐步提高学生的口语表达能力，一般而言，教师可以采取以下方式：

首先，文化对比法。在具体的口语教学实践中，教师可以将两种文化进行对比，这样就可以帮助学生了解不同文化之间的差异，从而逐步培养他们的跨文化意识。在教学的初始阶段，教师就可以将东西方之间那些不同的文化差异讲解给学生听，在交流的过程中，也应该点明那些易犯的错误。很显然，错误的产生与文化差异的存在密切相关，在反复的理解过程中，学生就能对中西文化之间的差异有更为深刻的认知，并在之后的交流中注意克服。除此之外，学生可以通过分析不同文化之间的差异，让他们更为尊重不同地区的文化，这样也可以逐步提高他们分析与处理文化的能力。很显然，文化对比是一种非常有效的教学方法。

其次，交流学习法。经过一段时间的学习，学生的英语水平已经得到了很大的提升，并且在学习与交谈的过程中，他们也会遇到文化障碍，所以，教师就可以结合实践让学生之间多交流、多学习。

最后，教师引导法。在与学生的交流过程中，教师应该对学生进行有效引导，如果学生产生了交际障碍，教师就应该积极对学生进行启发，这样不仅尊重了学生，还能让学生感受到文化知识的熏陶，从而不断激发他们的语言学习思维。

（三）跨文化交际思维与英语阅读教学的有效融合

1. 文化差异对英语阅读教学的主要影响

（1）词汇方面。词汇是语言系统中的支柱部分，同时也是构成文化信息的基本载体，在阅读的时候，学生的词汇量显然是一个非常重要的影响因素。助力学生了解词汇的文化内涵能逐步提高英语阅读教学的效果。具体到教学中，教师应该意识到词汇知识的重要性，并让他们逐步了解同样的一个单词在不同的文化语境下所表达的不同意思，这样就可以逐步提高学生的文化意识，从而助力他们阅读能力的提高。

（2）习语方面。习语也是文化的重要组成部分，在英语中有大量的习语，如果不明白这些习语背后的文化含义，就无法做到真正地理解这些习语。例如，动词的后边不能直接跟宾语，但是在某些习语中，就会出现这种情况，如 "She can talk the hind leg off the a donkey."（只要她一开口就能滔滔不绝）中，talk 后面就接了宾语，如果熟悉这一习语，就会知道这句话的意思，但是对此不熟悉，就会认为这是一个病句。教师应该有意识地给学生输送一些常用的英语习语，让学生逐步积累、掌握更多的习语，从而也可以提高学生的阅读能力。

（3）语篇方面。英汉语篇之间的差异性很大，一般而言，英语语篇的观点等会在文章的开头直接说明，并且作者也会在开篇的时候摆正自己的态度，后面的才是论述环节。但是对于汉语语篇而言，其往往是归纳型的，一般而言是先进行陈述，在末尾的时候才会亮出自己的观点与态度。在阅读教学的过程中，教师就应让学生明确英汉思维的差异，并且明确这种差异对篇章结构的影响，这样学生就可以根据不同的语篇特点选择合适的阅读方式。

2. 跨文化交际思维下的英语阅读教学分析

（1）立足语篇和语境。在读英语篇章的时候，有些学生可能明明知道这个单词的意思，但是却仍然没法体会出这个单词与上下文的关系，也无法对篇章做出正确的理解，有的学生在阅读的时候并没有意识到中西方的异同，这样显然会给学生的阅读带来障碍。为了解决这个问题，教师就应该从整体的层面出发展开教学，并应该让学生拥有全局意识，只有这样才能不断提高学生的阅读能力，第一，让学生明确不同语言之间逻辑结构上存在的差异；第二，让学生明确不同语言的表达方式；第三，让学生明确不同语言的修辞差异。

（2）融入背景知识。教师在开展阅读教学的时候需要围绕中心材料展开，那些材料的背景知识等对文章内容的理解是非常重要的，所以在教学的时候教师也应该着重对待。教师自己就应该明确关联性原则，并且在运用这种原则的时候就应该激活与此材料相关的话题与图示等。在具体的教学中，教师就应该将这些知识自然而然地融入教学中，并把握好其中的比例。

3. 英语阅读教学中跨文化交际思维培养

（1）利用教材扩展学生的跨文化知识。在培养学生的跨文化交际能力时，教师应该明确语言知识以及文化知识的重要性。

第一，相对于其他的材料，教材具有更高的权威性，学生完全可以根据教材上的内容进行学习与模仿。

第二，在特定的语境下，作者会发表自己的见解并表达自己的感情，其中就会涉及表层文化以及深层文化。为了让学生有足够的时间去了解多元文化，让跨文化交际能够得以实现，学生就应该掌握一定的文化知识。

第三，如果学生缺少某些跨文化理论，教材中所涉及的相关文化知识就能对此进行有效弥补，从而降低文化冲突的发生。

学生在学习教材中的文化知识时，能够帮助自己后续进行语篇的理解，并且更能把握好作者的言外之意。所以，教师在授课的时候应该全面挖掘语篇中的文化内容，让学生能更好地吸收其中的跨文化知识，从而发挥语篇阅读教学的效果。

（2）强化学生的跨文化意识。教师就应该重视阅读教学中文化渗透的重要性，一般而言，阅读不仅仅是去读各种文字，还应该体察到文字背后所蕴含的文化因素，如果没有在思想的层面上意识到文化的重要性，就容易导致理解偏差，所以就需要教师在阅读教学中逐步培养学生的跨文化意识，并逐步抛弃原有的一些死板的教育方式。

在跨文化意识养成的最后阶段，行为主体能通过自己的理解去评判现存的某些文化现象，此时，其认知水平已经能够超越对文化的理解，从文化的优缺点出发进行评判。教师就应该让学生能够正视不同文化之间的差异，并能尊重不同的文化，同时也应该有自己的看法。

（3）开展有效的文化研讨。在探讨英语文化的时候，教师可以将其分成若干个小主题，并且在一定的时间里让学生对此展开讨论，在讨论的时候应该追求讨论的效果，而不应该流于形式，教师要尽力发挥所有同学的积极性，让更多的同学都能加入讨论的环节中。

在讨论之前，教师就需要确定出一个合适的主题，同时在整个的讨论环节，教师都应该发挥好自己的支配以及控制地位。在学生讨论的时候，教师应该给他们一些建议，并帮助学生解决可能遇到的跨文化交际问题。随着这种讨论活动的开展，学生们的文化背景知识也会得到进一步提高，从而增强他们的文化底蕴。

在各种课堂活动方式中，课堂讨论是极为重要的，讨论效果如何会影响到课堂的具体实施，在课程开始之前，教师就应该让学生提早做好准备，让他们明白阅读的重要性，并与之探讨相关的阅读对策。在具体的课堂教学实践中，教师应该让学生明确教学的目的，并让学生能反思自己的所得。同时，教师也应该明确规则的重要性，让讨论活动能够有秩序的进行。

（四）跨文化交际思维与英语写作教学的有效融合

1. 文化差异对英语写作教学的主要影响

对于英语的写作，其构成的基本单位是词语，所以应该引起学生们的重视，在众多构成语言的要素中，文化与词汇之间的关系是最为密切的，并且词语也是语言中最为活跃与有弹性的成分。在跨文化交际的研究中，对词语文化内涵的理解是一个非常重要的组成部分。在语言学领域中，那些拥有特定文化内涵的词语被称为"文化词汇"，这些词汇与文化之间有密切的关系，往往蕴含着深刻的文化含义。

在英语写作过程中会涉及很多文化词汇，如成语、俗语、禁忌语、称谓语、动植物词汇等。作为一名英语教师，应该在日常的教学活动中引导学生分析这些文化词汇，理解它们背后所展示出的文化内涵，这样才能让行文更为流畅，从而实现顺利交际。同时，思维以及价值观念等的不同也会对英语的写作教学产生重要影响，这主要展示在句子的以及文章的布局上，对于教师而言，就应该站在布局的高度指导学生写作，从而逐步培养起学生良好的思维习惯，并让他们的英语写作水平能够得到进一步提高。

学生在写作的时候不可避免地会遇到一些结构方面的问题，在中西方思维差异的影响下，需要注意两个方面：第一，在赘言方面，学生往往会为了引起读者的注意而多次强调自己的观点，表现在一句话中就是某些内容的重复、多次出现。在英语中，虽然有时候也会用到这种重复的手法，但是这种情况并不多见。第二，汉化方面，学生是在汉语文化背景下学习英语的，所以就不可避免地会受到汉语文化的影响，一般而言，学生自己并不能意识到存在的问题，所以就无法进行改正。

英语句子一般而言比较紧凑，句子之间的逻辑关系非常强，句子中的那些衔接词一般都是具有特定意义的，我们可以据此判断句子的含义。与英语相比，汉语更加重视意合，从结构上来看是比较松散的，句子之间的逻辑关系并不是那么清晰。

在汉语句子的内部我们有时并不能发现那些具有某种逻辑关系的连接词，但是尽管如此也不会影响我们对句子的理解，在篇章布局方面的问题，其根源就是英语重形合，汉语重意合。

一般而言，在阅读英文文章的时候，在开篇就能明确其基本观点，随着阅读的推进，我们可以进一步找到每段的中心句。在行文中，我们还可以发现很多连接词，从而让不同的句子与段落之间有更强的逻辑关系。但是我们在阅读汉语文章的时候，一般而言并不能通过开头以及中间部分明确作者所要阐明的主旨，而往往是读到末尾之后才能明确文章的主题。受到汉语意合的影响，学生在写作文的时候往往会出现重点并不突出的情况，要想让学生克服这一问题，就应该让他们多训练。

2. 跨文化交际思维下的英语写作教学分析

（1）跨文化交际思维下的英语写作教学的原则

第一，交际性原则。在写作课上，教师就应该多给学生展示一些交际的场景，让他们能从中感受到文化差异。写作之前的讨论活动以及写作之后的修改活动都可以小组的方式进行，这样就可以增强学生之间的交流。通过交流，学生可以获得更多的写作素材，在写作的时候也能更加得心应手。所以，在教学中遵循交际性原则是非常有必要的。

第二，注重基础原则。随着教学活动的开展，学生存在的各种各样的问题就会逐步显现，如拼写以及时态错误等，也有一些学生没有意识到细节的重要性，还有的同学在写作时会套用一些作文的模板，这些都是需要引起教师高度重视的问题。在实际的教学中，教师应该辅助学生打好写作基础，从而让他们的写作能力能得到切实提高。具体到教学中，教师就应该让学生明确上下文语境，避免学生进行套译。在开展句法教学的时候，教师应该让学生在理解语义的基础上进行句子的连接，同时，教师还应该从多处着手，让学生明确英汉思维的差异体现与背后原因。

（2）跨文化交际思维下英语写作教学的有效策略

第一，培养学生的英语思维模式。在英语写作教学的过程中，教师应该引导学生对比中西文化与特征，让他们掌握英语篇章的组织方式，并逐步引导他们，让他们写出更高质量的文章。

第二，开设文化选修课，导入文化知识。教师除了应该在写作中融入文化知识以外，还应该进行有针对性的写作训练。一些与文化相关的选修课，如"语言与文化""语用学"等就可以逐步开展起来，这样不仅能让学生拥有更为广泛的接触西方文化的途径，还能让学生的视野得到进一步开阔，从而培养他们的文化意识。

第三，重视学生写作基本功的训练。教师应该加强学生词汇以及语篇等方面的训练，这样就可以逐步提高学生的写作能力。句子是文章的基本构成部分，所以教师就应该教导学生把握基本的句子成分以及特征等，这样就可以逐步提高学生们的语言基本功。除此之外，学生还应该对英语的语法有明确的认知。

第四，增加英语阅读量，强化英语语言应用能力。学生只有通过大量的阅读，才能积累到足够多的词汇并对词汇的不同含义产生深刻的认知，在阅读的时候，学生可以通过作品去了解某个时代的概况，跟随故事中人物的情感去体味作者的感想，这样也可以给学生积累下丰富的素材，并陶冶他们的情操。所以，阅读是非常重要的，不仅可以开阔学生视野，还能在一定程度上推动学生写作能力的提高。

第五，引导学生规范跨文化写作格式。在英语写作教学中，教师应该让学生明确不同的语言的文化要素，并且让他们能按照特定的表达结构进行书写。例如，当教师在指导学生写作信封文体的作文时，就应该让学生明确一般的写作顺序，因为英文的信封写作与汉语是截然不同的，所以教师就应该着重进行讲解，以免学生犯错误。

（五）跨文化交际思维与英语翻译教学的有效融合

1. 文化差异对英语翻译教学的主要影响

翻译活动包括三个方面：一是理解原文；二是表达原文；三是校验原文，翻译者要想将文章完美地翻译出来就应该对原文有深入的理解。在翻译中的理解与普通的阅读理解是不同的，译者除了应该从句子含义的角度入手理解，还应该从词语与语法的基础上对此进行理解，如果在翻译的过程中没有融入跨文化意识，就会影响译文的准确性。

翻译并不是源词语和语句之间的转换，也不是在目标语中找寻对应的词汇结构，如果在翻译的过程中，学生仅仅关注源语的表层，那么就会让翻译的内容流于形式，从而导致翻译内容与源语的差异。在开展翻译教学的过程中，教师应该让学生明确不同文化之间语言形式的差异，并且需要根据译入语的习惯做出相应的调整，如果学生没有意识到英汉两种语言之间的差异，而是进行一字一句的翻译，就会破坏源语的情感，所以在具体的翻译实践中，学生应该意识到中西文化的不同差异，明确作者的思想情感，从而更好地把握原文进行翻译。

2. 跨文化交际思维下的英语翻译教学分析

（1）英语翻译教学中跨文化交际能力的培养

第一，文化语言能力的培养。在翻译人才的培养过程中，应该逐步扩大人才的知识面，对于学生而言，英语学习环境是很匮乏的，如果培养观念再不更新的话，就会使学生的学习积极性更低。高校需要多设置一些文化类的课程，如英美文学等，让学生能明确不同的文化形式，从而逐步提高自己的文化意识与翻译能力。此外，教师应该立足英美文化，给学生讲解不同文化之间的差异，这样学生就能对文化产生不同的感受，从而提高学习兴趣。

第二，文化翻译策略能力的培养。首先，归化与异化策略。在进行文化翻译时，译者可以采用两种主要的策略：一种是归化；另一种是异化。翻译的对策有很多种，但是异化与归化依然是占有主导地位的翻译对策。为了照顾读者，译者会采用归化的翻译策略，这样可以让读者对原文有更深入、清晰的理解，异化策略则与之相反。如果译者面对的是那些比较严谨的科技类文章，就可以多采用异化的对策，因为作者写作此类文章的目的在于宣传，在采用异化对策时，译者可以让读者对译入语文化产生更为深刻的认知。

译者在翻译的时候应该多秉承异化的翻译原则，只有这样，才能精准传神地表达出原作的意思。所以，在进行文化翻译的时候，译者如果感觉采用异化翻译能实现意义的自由转换，那么就可以采用异化策略。如果仅仅采用异化策略无法将原文的意思做到全面转达时，译者就需要将其与归化策略结合起来使用。如果囿于原文的限制，译者也可以不使用异化的对策，而是采用归化的方式，这样也可以表达其意义。总体而言，译者在处理这二者的关系时，就需要根据原文的情况做出正确处理，如果选择了异化的策略，就要保证译文能准确传达出原作的内涵；如果采用了归化的翻译对策，就应该使得译文与原文的风格对等。需要指出的是，就算是在同一篇文章中，译者所采用的翻译策略也不具有单一性，译者可以根据文本的需要灵活选择翻译对策。

其次，文化间性策略。对于译者而言，应该以广博的心胸接纳不同的文化，只有这样才可以从容不迫地展开翻译。译者应该拥有开放的心态，还应该秉承共性的思想，去分析源语的文化，通过采用灵活的翻译方式，让这种文化被更多的人所熟知。在具体的翻译实践中，应该综合利用多种翻译方式，从而实现翻译的"信、达、雅"目标。

最后，文化对应策略。在中西方文化中，也有一些地方是有相似之处的，在遇到这种情况的时候就可以采用文化对应的策略进行翻译。例如，人们都知道梁祝化蝶的凄美故事，但是在西方人的眼里，梁山伯与祝英台仅仅是两个普通的名字，他们无法透过这两个名字理解其背后的爱情故事，但是，要是我们将其翻译成罗密欧与朱丽叶，显然就能引起西方读者的共鸣。

（2）跨文化交际思维与英语翻译教学融合发展的优化举措

第一，重视中西方文化在思维模式上的差异。教师应该注重学生跨文化能力的培养，并让学生能意识到中西文化的差异，并明确不同人们思维方式的差别。在不同的文化背景下，人的思维模式是不同的，并且随着社会的发展，处于同一地区的人们的思维模式也会产生些许的变化。所以，学生应该明确不同思维的差异，从而在翻译的时候能做到兼顾。

第二，提高学生对不同文化背景下生活环境以及经验的重视。文化的不同也会影响人们的语言，所以处于不同生态环境下人们的语言也会有所不同。例如，我国不同的地区有不同的方言，甚至在见面时他们所探讨的话题也不一样，要是将这个范围扩大到其他国家，这一现象就会更加明显。例如，英国处于西半球，他们的气候受海洋的影响最大，所以见面时讨论的一般都是天气如何。教师在开展翻译教学的时候，就应该重视不同地区人们生活的环境，并且学生也应该将自己代入具体的情境中，逐步提高自己对文化的认知能力。在具体的教学实践中，学生的翻译能力如何最能体现出学生的跨文化交际能力，学生应该重视不同文化背景下人们的生活经验，并不断提高自己的翻译能力。

第三，对第二课堂进行合理的安排，对教学观念进行不断创新，从而对课程改革的要求进行积极的响应。在教学活动中，课堂教学是一种最基本的形式，我们还可以把课堂教学称为第一课堂。但是，因为英语翻译是一项具有较强的应用性的语言交际技能，并不能只是依赖于第一课堂的教学，还需要对第二课堂进行较为充分的运用，对课堂教学的内容进行详细的研究和了解，从而对学生的跨文化交际能力进行培养。教师可以积极创造好的环境来对文化学习的氛围进行营造。学习的环境影响学生的学习情况，而且这种影响是非常之大的，当具有较好的西方文化学习环境的时候，学生的跨文化交流的热情就可以逐渐被培养起来，使学生对英语翻译产生一定的学习兴趣，如教师可以在课堂以外培养学生的跨文化交际能力，积极组织学生开展各种各样的活动，加深学生对跨文化交际能力的解读。除此之外，还可以积极组织英语社团，在社团中，成员主要是学生，教师只是对社团进行一定的指导，当学生遇到自己不懂的问题的时候，可以积极寻求老师的帮助，当然，其也可以向其他学生寻求帮助，这样就可以尽量减少在学习中出现的遗留问题。

第五章
英语教学中的跨文化能力培养

第一节　英语跨文化能力培养的基本方法

在进行英语教学时，除了要做好基础的教学工作以外，更应当重视培养学生的跨文化交际能力，从某种角度来看这也是跨文化交际的根本目的。"为了能够实现该目标，相关教育主体应当重塑教育理念，变革思维，不断丰富教学方法，完善教育内容，进而提升学生跨文化视角下的英语综合运用能力"①。

一、英语跨文化能力培养方法——开设跨文化课程

为了能够让学生了解英语所承载的文化，促进英语教学的开展，提升英语教学质量，高职院校应当开设跨文化课程，以便能够充分满足教学需要。开设跨文化课程能够为高职学生营造一个良好的跨文化环境，使其对英语文化有更多的了解，便于学生学习英语知识，提升英语交际能力。在开设跨文化课程上，应当从以下两个方面入手：

第一，开设原文资料阅读课。进行基础英语教学时，老师通常都会告诉我们由于受到母语思维的影响，常常在英语表达过程中出现中式英语现象，需要日常学习和交流时格外注意。通过深入分析能够了解到，主要在于学生并没有一个良好的英语学习环境，而且与以英语为母语的人进行交流的机会非常少，也没有机会接触到英语原文资料。面对此种情况，教师可以为学生选择适合的英语原文资料，并通过阅读课的方式进行讲解，让学生对英语地区的文化有深入的了解。

第二，情境再现课。英语作为语言一定会涉及交流，通过对原文进行情景再现的方式，可以让学生有更多的使用英语交流的机会，以此来不断培养学生的跨文化交际能力。

---

①朱婷. 高职英语教学中学生跨文化交际能力的培养与提升研究 [J]. 海外英语，2022 (6)：231.

另外，教师也可以展开情景设置，在某些场景中加强培养学生在跨文化交际方面的素养。例如，设置采访情景，让学生角色扮演进行交流，通过此种方式让学生能够认识到自己在跨文化交流方面所存在的不足，并在日后学习过程中不断加以改正。

二、英语跨文化能力培养方法——加强文化异同比较

新一代高职学生，是伴随着互联网成长的，网络技术的发达，拉近了国人与世界的距离，这也让高职学生面临着多种文化考验。高职学生虽然思维活跃，独立性较强，但面对多元文化冲击，难免在思想和精神层面产生动摇。为了培养高职学生学习英语的自信心，树立坚定的文化信念，有必要在高职英语教学工作中加强对东西方文化差异性的比较学习，增强学生的价值判断力。

英语教学过程可以看作是英语和汉语碰撞的过程，如果想要降低汉语思维对英语教学和学习所产生的影响，采用比较教学法也是非常有效的措施，从某种角度来看也是汉语文化和英语文化之间的比较，具体体现为口语文化、文化价值以及词汇文化等。在高职英语教学中对中西方文化进行比较时，应当充分考虑到学生自身的特点，尽量采用学生感兴趣的方法，如丰富形象的场景对教学进行模拟，从最简单的问题到打电话、求职等各种场景，让学生在对话交流中充分感受到两种文化之间所存在的差异。随着社会和市场对人才需求呈现出多元化特点，急需高素质的应用型英语人才，这也对高职院校英语教学工作提出了新要求。高职院校要重视对英语人才综合素质的培养，学生在学习英语时要具有较强的交流能力，掌握英语交流过程中应当遵守的各种习惯与规则，促进英语的得体性。另外此阶段口语教学也能够在一定程度上充分折射出不同国家文化在生活之中的反映，还能够充分体会到表达方式与文化习惯之间的差异性。所以，高职英语教师应当着重强化学生在口语表达方面的双文化意识，以便构建出中英双文化比较观念，变成不同文化融合者。

三、英语跨文化能力培养方法——加强阅读学习

当展开阅读练习时，应当重视培养学生的跨文化意识，而在高职学生进行英语阅读时，精读占比达到了很大比例，所以如果学生能够在阅读时了解其背后所蕴含的文化背景，能够加深对文章的理解，提高答题效率，使教学变得事半功倍。在对某个单元课程进行教学时，教师可以先将文章内容所涉及的文化背景呈现给学生，然后让学生对此展开讨论。例如，每所高校，基于所处地理位置和办学宗旨不同，其校园文化也存在着一定的差异性。当对有关于世界名校的文章内容进行讲解时，教师可以先将世界上名校以及排名等方面情况展现给学生，让学生了解到每个学校都拥有属于自己的文化，在不同学校中教学

氛围存在很大不同，那么所教育出的学生也会有所不同。对文化背景的梳理和掌握，能够给予学生一个直观体验，并在一定程度上能够有效激发出学生自身的上进心，促使学生对于真理与科学的理解更加深刻。另外，在学习有关于风俗文化方面的内容时，教师可以将中西方不同的风俗文化进行对比，如春节与圣诞节，虽然习俗与文化存在很大不同，然而其本身所代表的意思却是相同的，即团圆。所以，当学生在了解西方文化的同时，也能够对自己的文化有更深入的了解，并增强对自己所属文化的自信心，起到一举两得的作用，同时还可以有效锻炼学生跨文化交流的能力。

四、英语跨文化能力培养方法——展开探究活动

随着互联网的高速发展，不同国家人们之间的交流变得十分广泛，高职学生获得知识和信息的途径也越来越多，这也意味着，他们有文化交流的诉求。目前，在国际上组织机构之间的交流与合作也变得十分常见，当善于进行交流和沟通时才能够满足生活发展要求，从而不被社会淘汰。根据新课标中的要求，需要学生拥有自主探究的学习方式，加强对学生独立思考能力的培养。教师通过提出问题让学生进行探讨，此时教师可以将学生划分为多个小组展开讨论，之后再给予一个统一答案，当教师分析学生的答案时，可以让学生展开深入辩论与思考。例如，教师可以设置主题为"生命的价值"的情境对话，学生围绕着该主题展开深入讨论，锻炼学生的英语交际能力，同时也能够锻炼学生的团结互助能力，通过情景对话也能够锻炼学生们的听说能力。如此一来，能够使得学生在情境模拟练习时可以将跨文化交流技巧有效融入其中，从而培养学生们自身的语言交流能力。

总而言之，对学生跨文化交际能力进行培养是一个非常重要且复杂的过程，并非只依赖于简单的课堂教学工作就能够实现，需要从各个方面入手。对于跨文化交际能力的培养，文章主要是从开设跨文化课程、加强文化异同比较、加强阅读学习、展开探究活动四个方面进行论述，通过采取这四方面的方法，能够使得教学工作得到有效开展，不断提升高职学生的英语交流能力，从而实现跨文化交流。

第二节　英语跨文化交流能力的培养对策

伴随人类文明的兴起，语言交际作为沟通交往的主要媒介，成为地域文化形成的主要推动力。语言类型有别，但都具备强烈的交际作用和效果。"在世界经济一体化进程加快

及世界文化彼此融合的时代背景下，跨文化交流变得极为迫切"①。因文化差异或语言冲突而带来的区域政治及经济纠纷时有发生。为此，通过掌握及领会跨文化交流内涵，可以顺畅推进交际行为，避免因交际而增加矛盾或摩擦。从跨文化交流的属性上看，交流主要是对话双方对经由语言符号转译而来的信息进行传递的过程。交流，英文 communicate，最早出于拉丁语 commonis，都带有 common，也就是共同之意。由此延伸，跨文化交流在对话双方上，即指本族语言使用者及非本族语言使用者，两者在语言形式及文化背景具有差异性的情况下所展开的一种语言沟通活动。这一交流过程除了要在语言应用上具备极高水平外，更为关键的是要对语言背后蕴藏的文化加以了解，用文化来指导语言交际过程中的用语。英语跨文化交流能力的培养对策主要有以下方面：

一、从差异性中寻求跨文化交流的方法原则

英语跨文化交流实践的展开与英语教学过程密不可分，在通过英语知识掌握及理解外语国家文化时，应从文化差异性角度上考虑，对英语国家的文化背景及价值观进行调研分析，然后在获取文化认同意识的基础上，对英语交际中的文化背景及意蕴加以解析，从而使英语文化知识能够从原有的知识为主的层面上显露，实现英语文化的普及。例如，在英语课程的学习上，教师将课程的主要聚焦点放在作者身上，而作者写作风格的形成又与作者所处国家及区域的文化背景紧密相关，这就需要英语知识学习者能够对西方国家的文化知识及内涵背景加以深刻领会和把握，从差异中找出文化取向及语言表述上的共通点，进而提高语言交流的意义价值。而在跨文化交流中，如果出现因文化背景不同而导致的差异性，应对文化差异性加以重视，然后从差异性中找寻跨文化交流的方法原则，即在不同价值观念下，本着对文化认同和尊重的原则，对跨文化交流中的各类事项加以说明，避免因语言交流指向不畅而导致歧义出现。

二、对英语教材文化内涵加以充分挖掘

大学英语教学中，在确立培养高素质的英语实践人才外，需要围绕高校英语教学的有效性，对教材内容中蕴含的文化内涵加以提炼挖掘。从实际情况看，高校所选用的英语教材，除了在英语知识点上加以挖掘外，还涉及英语国家的文化背景及风俗，直至关联到英语国家的政治体制和经济文化。作为高校英语专业教学素材而言，应对该部分内容加以突出，在提高学生语言基础知识应用技能的同时，多方面展现英语国家的文化内涵意蕴的传授讲述。对教师而言，在教学课程的组织上，应对英语教材文化内涵要素加以重视，然后

---

①张晓宁. 英语跨文化交流能力培养对策探究 [J]. 文化产业，2021（9）：38.

在教学过程中重点诠释背后的文化内涵。

三、实现英语跨文化交流中的移情

要打破跨文化交际障碍，达到有效交际，交际者必须具备一定的语用场景能力，即我们所说的移情能力。首先，也就是交际双方应该根据当时的具体场景来判断对方真实意图和目的；其次，交际的双方都需要具备一定的移情能力，即以对方的文化价值观为标准来解释和评价别人的行为。

四、着力优化英语教学组织设计流程

第一，就英语教学而言，其由教师、学生及环境等要素构成，在这些要素的归集上，应该发挥其各自的作用。在教师层面上看，要提高学生跨文化交流能力，应该对自身的英语文化素养加以填充，在结合教学纲要的基础上，多方面了解英语文化知识背景，在对文化知识有全面理解的基础上，掌握不同语言体系下文化价值观的不同。此外，教师可以引入对西方文化有深刻了解的专家作者填充教学一线，从而使教师的教学能够在内容及资料上更加翔实可靠。

第二，在英语教学组织实施过程中，应对跨文化交流活动进行实时指导，尤其是树立跨文化交流的典范，让学生通过自觉参与多种英语交际活动，如英语角及英语戏剧展等，对英语文化内涵加以全面领悟，从而起到教学相长的作用。

第三，对英语跨文化交流中的环境加以改进。有效的环境是保证英语跨文化交流活动有效开展的基石。在英语文化氛围的营造上，可以在英语专业内部之间进行英语文化竞赛，通过优秀带动后进的方式，对英语文化课程教学活动加以串联。

第四，应丰富英语跨文化交流能力培养的教学策略。一方面将教学过程划分为基础知识、文化学习、实践练习等多个阶段，在每个阶段中让学生能够从文化视角出发，对教学知识及英语文本中的问题加以深度阐述；另一方面在不同文化价值维度下，让学生思考英语文化知识及交流中的表达方式差异性，进而对英语文化背景下的词汇及句式表述有深层理解。

五、对英语跨文化交流能力进行全面提升

借助信息化教学手段，将课堂和课外进行有效结合，充分发挥课外的教学效果，相关要点如下：

第一，充分运用网络、电台等英语资源。近些年来，越来越多的学校开始举办自身英

语学习网站，通过计算机信息技术来构建英语跨文化教学自主学习平台。在学校跨文化自主学习网站上，学校可以提供视听资料、影视欣赏，学生可以随时点播，方便学生自主学习。

第二，建立多个不同交流平台，大力拓展社会性能力。除了学校建立起公共跨文化交际自主学习平台之外，教师自身还可以建立起小型交流平台。通过这些平台可以进行网络写作、网络交流、网络分享，提高学生跨文化英语使用能力。

第三，开展多种类型竞赛活动，拓展学生思维能力。为了更好培养学生跨文化交流能力，学校还可以组织英语文化知识竞赛、英语辩论、英语戏剧表演等，这些可以培养学生的跨文化意识，赋予学生跨文化体验，满足他们成长需求。

第四，开展多种不同文化实践活动，邀请外籍专家来到课堂进行专题文化讲座，这样学生可以零距离进行跨文化互动。与此同时，我们还可以组织英语角活动，搭建自由交流平台。

由此可见，对于英语语言文化交流能力的培养，我们需要加强大学英语跨文化交流体系的建设。而加强大学英语跨文化交流体系建设，可以分别从培养目标、教师队伍、教学环境三个方面进行构建。继而从以上三方面的结合上实现英语跨文化交流的综合提高。

第三节　英语跨文化交际能力的培养策略

全球化环境下，世界各地联系越来越紧密，文化交流日益频繁，理解多元文化和提高跨文化交际能力成为个体在世界范围内沟通交流的前提。但是由于英语教育的意义认知及其他因素所限，之前的英语教育一直强调英语语言知识的掌握，同时，长期以来国内的应试教育模式使得英语教学被理解为英语语言形式（语音、语义、词义）的讲解和传授，而对英语的跨文化交际功能并没有过多强调。随着近年来跨文化交际学的发展，英语教育的跨文化交际意义越来越突出，跨文化交际能力的培养已逐渐成为学校英语教学的基本目标。跨文化交际牵涉到文化差异、文化陌生和文化心理排斥等问题，因此，跨文化交际能力实际就是指对跨文化交际中相关问题合理解决的能力，英语教学中的跨文化能力培养则是指让学生在英语文化语境中以符合对方文化习惯的方式进行交际，因此，"跨文化交际能力的培养主要是指语言知识能力、语言技能、语境选择能力、交际者关系判断能力、社会文化知识能力等方面的培养"①。跨文化交际能力的目标内涵设定意味着英语教学必须

---

①王宝平．基于跨文化交际能力培养的英语教学策略［J］．教育理论与实践，2016，36（26）：49.

以此为原则和准线实施有效的教学策略。

一、突出英语跨文化教学目标

教学目标是学科教学的指南针，也体现了学科教学的任务。英语教学目标所强调的内容便是英语教学中需要突出的部分。学科教学的课程安排、教材选择和教学方式都需要基于教学目标的导向来设置。跨文化交际能力培养是英语教学的最终目标，但不是唯一任务。当前，各个阶段的英语教学都把跨文化交际作为教学的重要目标，但同时也强调了英语语言知识和应用技能掌握等目标，所以，应在英语教学目标中突出跨文化交际能力的培养。尽管当前各个阶段的英语教学中都涉及跨文化交际内容，但是有关跨文化交际的部分大多是宽泛指向，如用英语交流信息或者应用所学知识等，在各种英语教学大纲中，也极少明确地指出跨文化交际能力培养的目标。教学目标的泛化或者不明确意味着英语教学不能把跨文化交际所要求的各项能力包括在其中，跨文化能力培养便无法在教学过程中完全得以体现。因此，要通过教学目标创新突出跨文化交际能力培养，主要包括两层意思：一是明确跨文化交际能力培养的表达，而不是用其他含糊的说法或者跨文化能力中的部分能力要求来代替，清晰明确的表述有助于突出教学目标；二是将跨文化交际能力的指向具体化。从上述分析可知，跨文化交际能力内涵丰富，包括认知因素、情感因素和行为因素等，对于相关内容的具体化表述，可以使相关内容在教学中得到更多的关注。英语教学目标中的跨文化能力培养突出自然会促进相关能力的培养。

二、改革英语课堂教学方法

英语教学本身就是一种跨文化实践活动，这种跨文化实践主要表现为课堂教学的英语和汉语之间的转换，而这种转换的成功实施关键在于采取合理有效的课堂教学方法，因此，课堂教学方法的调整是英语教学中跨文化交际能力培养的重要环节。但是，当前的英语课堂教学方法主要是教师对英语语言及文化知识的灌输，课堂教学以教师为主，学生只是被动接受教师传递的各种信息。这样的教学方法只对学生语言知识能力的培养起作用，而对于培养跨文化交际能力中的语言技能、语境选择能力、交际者关系判断能力等都没有涉及，因此，从跨文化交际能力培养出发，必须不断改革课堂教学方法。英语课堂教学方法改革可以从以下方面着手：

第一，预设情境，增加学生的跨文化体验。英语国家之外的学生学习英语的最大问题在于其学习生活的场景是非英语场景，学生缺乏场景体验，因此，在英语教学中教师很难对学生语境选择能力、交际者关系等方面的能力进行有效培养。改革课堂教学方法，就需要在课堂教学中预设各种各样的交际情境，使学生通过相应的角色扮演去获得较为真实的交际体验。

第二，追根究底，组织讨论。不同交际场景要用到不同的社会文化知识，同时为了交际需要，还需要采用一定的语言技巧，才能使交际氛围更加融洽。仅依靠识记能力，并不能完全使学生掌握这些技巧，要使相关语言技能真正成为学生知识结构的一部分，就需要对某些问题追根究底，组织学生对问题进行深入讨论，使学生深入到英语文化场景中，深刻理解各种语言技能的使用，以及语境选择能力等的实际运用。

第三，增加互动，加强对话。英语跨文化交际能力培养的最终目的是使学生在跨文化交际中能够有话可说，能够达成交际目的，英语对话训练是英语教学方法改革的重要内容，这就需要教育工作者调整之前完全由教师讲授的模式，使教学活动转变为教师和学生的英语对话，或者学生之间的英语对话，这种对话训练会使学生的语言组织能力、语言技能等方面得到加强。

第四，文化比较，改变认知。以汉语为母语的学生在进行跨文化交流时所采用的文化思维往往为汉语思维，其行为模式也是国内民众可以理解的行为模式，但由于文化差异，汉语和英语蕴含着不同的文化思维，在汉语思维中所认可的行为并不一定能够在英语思维中得到认可，反之也是同样。因此，在跨文化交际中，学生要调整文化思维，改变认知习惯，才能在跨文化交流中正确理解对方的意图，教师可以在课堂教学中通过词汇等方面的文化比较，使学生更多地体验这种文化差异，改变认知习惯。

另外，随着社会环境变迁，课堂教学不再限定于传统的课堂概念，互联网等新兴教学平台也逐渐成为课堂教学的一部分，同时也形成了微课程、慕课等新的教学形态，以跨文化交际能力培养为目标的课堂教学方法的改革也需要延展至更多的平台和途径。

三、强调英语文化内容教学

语言是文化的载体，每种语言都对应着一个文化系统。语言和文化的紧密联系意味着语言学习也是文化的学习。通过上述分析可知，对于英语中文化的掌握关系着社会文化知识、语境选择、交际者关系判断等能力。因此，突出英语文化内容学习是英语教育的应有之义，也是跨文化交际能力培养的必然要求，通过此方面的创新可以有效促进学生英语跨文化能力培养。

从目前英语教学来看，虽然英语的人文性受到重视，但是在具体教学中，仍然以英语语言知识为主，各种教学模式设置也是以英语语言知识的学习为目的，英语文化的学习并没有得到足够的重视。虽然在英语教学中有关话题会涉及历史地理、自然环境、社交礼仪、学校生活等英语文化知识，但是在教学过程中大部分英语教育工作者对相关文化知识的教学主要是就话题论话题，对于话题背后的文化关联性缺乏探究，使得英语文化的教学只限定于浅层次、有限的数量范围内。社会文化知识是跨文化交际者向另一种语言系统转换的文化基础，也是跨文化交际必须具备的知识能力，没有相关文化作为基础，跨文化交际的话题就无法拓展或延伸，跨文化交际就无法延续，基于跨文化能力培养的英语教学创新必须在内容上突出英语文化。

对于英语文化知识的教学，一方面，可从课本教材中已有的话题进行纵向或横向的文化知识延展，以有限的话题内容教学使学生掌握更多的英语文化知识，如对于有关英语文化艺术的话题，可由某个具体的艺术人物或者艺术形式拓展至其他同时代人物或同时代其他艺术形式；另一方面，对于英语词汇知识也不能仅仅限定于字面意思的理解，还需要深入发掘词汇背后的文化内涵，要通过词汇文化内涵的发掘扩展文化知识的学习；与此同时，英语教育工作者可以通过不同文化专题向学生列举书单，扩大学生的阅读面，增加学生对特定方向的知识了解，使学生通过指导性阅读获得更多的文化知识。

四、加强学生课堂互动机会

培养跨文化交际能力最直接的方式就是口头言语的直接来往，这样的交际不仅要考验学生的语言知识储备，同时也是对学生临场应变、思维转换、语境选择、交际身份判断等能力的考察。在英语教学中，学生的语言知识储备都是强调的重点，所有的教学活动都围绕语言知识开展，由此便形成了灌输式的英语教学模式。虽然这种教学模式对语言知识掌握有较好的帮助，且积累了众多经验，但是这对于学生各种跨文化交际能力的培养并没有给予足够的帮助。在这种教师主导、学生被动学习的教学模式中，教师是主导角色，师生之间很少互动，学生和学生之间的实际演练也很少，跨文化交际能力所涵盖的语境选择、交际身份判断等知识更多的是教师的知识灌输。语言知识要输入，更要输出，通过输出相关语言知识才能内化为学生自身的知识素养，并和学生原有的知识结构有机结合。

当前英语教学中的学生互动参与意味着学生所学的知识难以在互动中增加体验，不利于学生对相关知识的理解和掌握。要促进相关跨文化交际能力培养，必然要在教学中增加学生的互动，使学生真正参与到教学活动中，而不是被动地识记各种语言知识信息。增加英语教学中的学生互动，一般通过以下方式来实现：第一，教师在组织教学活动时，引导学生更多地参与到教学活动中，而不是充当教学活动的旁观者；第二，在课堂教学中鼓励学生与其他学生的互动，但在课时有限、学生人数众多的情况下，很难使所有的学生都能够参与到教学活动中，因此，可以通过学生与学生之间的互动来增加互动机会。

五、构建多样化英语交际情境

跨文化交际实际上是语言学习者在各种语言情境中与目的语受众的语言沟通和交流，要使语言学习者在各种场合都能够顺畅、适宜、有效地交流，必须使学生掌握各种场合的交际方式和交际习惯，通过不同场景的转变，使学生能够在场景中游刃自如地交际。而对于国内学生而言，英语学习是在本国环境内对其他语言的学习，在这个环境里，大多数人使用母语来交流，这样的环境意味着学生少有机会去接触到各种英语交际情境，自然也难以在各种情境中自若地转换角色和语言风格，学生的语境选择能力和其他交际者身份关系的判断能力自然也无法得到锻炼，而这两者正是跨文化交际的重要能力。

虽然当前英语教学中会涉及各种家庭对话、商业情境等，但是基本上局限于浅层次的对话，缺乏深层次探讨，这就使得大多数学生的跨文化交际水平更多地局限在打招呼阶段，无法进行真正的沟通交流。要使学生的语境选择能力、临场应变能力、文化差异判断能力等得到有效锻炼，必须创设多样化交际情境，如商业贸易情境、朋友聚会情境，以及其他各种社交场景等，使学生在模拟情境中对某种场合的对话交际进行演练，使其在话题展开、语言词汇选择等方面获得体验。虽然近年来情境模拟教学在英语教学中获得体现，但是大多数情境模拟还处于尝试阶段，且没有形成系统化的情境教学模式，对学生的跨文化交际能力提升有限，要促进学生跨文化交际能力培养，必须在此方面有所加强。

六、科学开展英语课外活动

课外活动是英语教学的一个有机组成部分，也是英语教学改进的有效途径。相较于英语课堂教学的知识传授，英语课外活动更多的是相关语言知识的应用。英语学习的目的就是交际应用，通过英语课外活动的开展可以有效培养学生的学习积极性，同时也能使学生在语言应用方面的能力得到提升。在这一点上，英语课外活动和跨文化能力培养目标是一致的。

英语课外活动多种多样，做好课内教学和课外教学的结合是课外活动的关键。课外活动的开展主要是形成各种各样的语言环境，这一点和情境模拟有区别也有一致。创设多样化的模拟情境是通过对西方文化中的各种情境进行模拟，使学生足不出户便可感受到西方文化情境。开展各种各样的课外活动不仅包括对西方文化情境的模拟，同时也有对现实各种情境的创新，如各种英语朗读比赛、单词接龙比赛、说英语比赛等，形成了新语言情境。在这些新的情境中，学生需要充分调动自己的知识储备，灵活运用各种语言技巧，有效培养学生的知识应用、情境选择等方面的能力。英语课外活动形式多样，各种形式的课外活动不仅有助于英语听说读写能力的提升，也有助于各种英语跨文化交际能力的培养。

虽然当前英语教学中也会开展一些课外活动，但是相较于跨文化交际能力培养的需求而言，现有的英语课外活动在数量上显然是不够的，因此，积极开展英语课外活动也是跨文化能力培养导向下英语创新的应有之举。另外，由于过去语言知识能力培养的教学目标导引下的英语课外活动主要是为学生的语言知识能力提高服务，在活动形式和活动方法上还有一定欠缺，基于跨文化交际能力培养的英语课外活动还需要在形式和方法方面进一步解放思想，灵活创新。

七、优化交际能力考核评估

考核评估有评定、甄选等功能，教学目标是教学评价的依据，教学目标是方针，考核评估是引领。由于考核评估涉及教学成果评估、人员选拔等重要事宜，因此考核评估涉及的事项都是学科教学中被重视的内容。由于之前英语教学被视为语言知识学习，英语教学的考核评估自然也是相关英语知识技能的掌握，如当前书面考核和听说考核主要是以语言知识和语言能力为主，因此，当前较为强调的写作考核主要是对语言词汇的连贯使用进行考核，而听力考试则是对学生听说能力的考核，各种方式的考核都是以语言知识能力的掌握为依据。

当前，英语教学评价体系对于语言知识的重视是由于之前英语教学的语言学习定位所致，因此，随着跨文化交际能力培养成为英语教学的主要任务，英语评价考核也需要随之进行调整，才能和教学目标相呼应，更好地发挥评价的导向、反馈、激励、鉴定等功用。跨文化交际能力内涵丰富，包括语境选择能力、转变思维能力等，从认知、情感到行为，跨文化交际的多样化和多种形态表现，意味着在考核评价体系中对各种能力的考核也需要针对性地设置各种评价指标和标准，使各种能力都能得到具体真实的评价。科学合理的评价可以推动跨文化交际能力的培养，相反，笼统宽泛的指标设置不但不能体现教学对跨文化能力的真实状况，同时也不能形成真实的信息反馈，促进教学过程的改进，必然会影响到英语教学中跨文化能力的提升。从跨文化交际能力培养的目标出发，英语教学的评价体系必须进行合理调整，扩展评价内容，使跨文化交际能力的相关能力都成为评价体系的一部分，另外，还要根据跨文化交际能力的不同能力方向，采用灵活的评价方式，使各种能力都能得到合理客观的评价。

综上所述，随着社会意识观念进步，有关英语教学的价值意义逐渐清晰，基于英语的世界通用语的特点，培养学生综合英语应用能力成为英语教学的主要目标，英语教学逐渐向跨文化交际教学层次转变。英语教学是一个由教学目标、教学主体、教学方式、教学策略等教育要素构成的系统化机制，跨文化交际能力培养需求下传统英语教学必须要进行系统化创新，才能使英语教学更好地达成跨文化交际的教学目标。

第六章
英语教学中跨文化能力培养实践

第一节　商务英语教学中的跨文化交际能力培养

一、商务英语教学概述

（一）商务英语的内涵

商务英语是英语的一个重要分支，翻译成"Business English"。简单而言，商务英语主要指用于世界各国商务活动中的英语。英语一旦与商务活动相联系，就会涉及商务英语的形式。早期，商务英语内涵和应用比较狭窄，只应用于外贸，正是因为如此，商务英语有了另一个名称，即外贸英语。在 2021 年全球化进程的推动下，商务英语内涵逐渐丰富，外延逐渐拓宽，应用十分广泛，涉及经济、文化、科技、教育等领域。

从商务英语内涵可以看出，商务英语主要由商务活动和英语两大方面组成，商务英语主要以英语为传播媒介，传播与活动相关的内容。因此，商务英语具有普通英语所不具有的特色——商务特色。还需要指出的是，商务英语虽然由商务活动和英语共同组成，但并不是两者的简单叠加，而是商务活动与英语的相互作用、相互促进、相互融合的产物。"商务英语发挥的重要作用仅依靠商务活动与英语的简单叠加是远远无法企及的"①。

在商务语言环境中，商务话语发挥至关重要的作用。商务话语，是在商务活动中使用的话语，人们在商务活动中广泛应用语言，于是产生了商务话语，可以充分说明，商务活动与语言之间已经存在密切的联系。语言的使用在很大程度上影响商务活动的顺利进行，而商务活动的开展也在一定程度上影响语言的使用特点。因此，从事商务活动的人必须根

---

①段云礼. 实用商务英语翻译（第 2 版）[M]. 北京：对外经济贸易大学出版社，2013：2.

据商务活动特点，选择恰当的语言表达。除此之外，还要明确商务英语的实用性、专业性、针对性等特点，并根据特点进行准确的、规范的商务交流与沟通。

对于国际商务活动，涉及范围、内容、领域比较广泛，必须符合客观性、现实性需求。因此，商务英语必须具有丰富的专业术语、专业词汇、专业短语等，只有这样，才能保证国际商务活动顺利进行。商务英语中包含的各种语言信息，都与商务活动密切相关，因此，从事商务活动的人必须采用准确、得体的商务用语，否则会阻碍商务活动的开展。需要注意的是，在商务活动中，从事商务的人仅仅具备商务词汇是远远不够的，要灵活、自如地应用商务活动中各种问题，还必须掌握职业套语、专业术语、商务表达、语言转换等知识。总而言之，商务英语是英语发展的产物，是英语的一种重要变体。同时，商务英语同旅游英语、科技英语、法律英语等，都属于专门用途英语范畴，它们之间还存在共同点，即同属于英语范畴，具有英语基本语言基础和语言学特征。

商务英语尽管是英语的产物，由于自身商务属性，又形成自身独有的特色。另外，商务英语的主要应用环境是商务环境，是中国与世界各国进行商务交流和商务往来的重要语言工具。商务英语既包含基础的英语语言知识与理论知识，也包含专业的翻译知识，还包含表达方式、人际关系等内容。因此，从商务英语的语言结构来看，商务英语涉及专业术语、专业词汇、职业套语等，商务英语还有很多委婉语，这些委婉语在商务活动中可以应用于不同的场合和对象。除此之外，商务英语无论是以口语的形式出现，还是以书面语的形式出现，使用者都必须注意商务英语语言的准确性、表达的得体性以及使用场合的合适性。

综上所述，商务英语发展至今，在其概念内涵上都已远远超越了最初的与国际贸易相关的英语的狭义范畴，已成为一个较为宽泛的、涵盖"大商务"内容的广泛的概念，其内涵应包括如下内容：

第一，商务英语起源于英语，是英语的一种重要社会功能变体，具有专门用途英语教学的一般特征。

第二，商务英语是一种专门化的语言，语言的专门化表现在商务英语词汇、句法和文体等方面。

第三，商务英语专门化的语言（词汇、句法、文体）体现在商务交际中的价值、互动、评价以及语言与行为、语言与情景的协调等方面。

第四，商务英语是商务环境中应用的英语，与国际商务活动密切相关，其内容涵盖与国际商务相关的一切领域，如经济、管理、商法、外交、媒体、社交等领域。

第五，商务英语是人们以商务沟通为目标、从事国际商务活动过程中所使用的交际语言，是人们用于跨文化国际商务活动的交流工具。

（二）商务英语的概念辨析

1. 商务英语语言系统和商务英语话语

商务英语语言系统和商务英语话语都属于商务英语语言。商务英语语言是一个整体概念，就是指作为语言本体的商务英语。而商务英语语言系统和商务话语是商务英语语言本体的两个方面。通过对商务英语语言概念的分析，可以看出，商务英语语言包括了商务英语语言系统和商务英语话语两个层面。商务英语语言系统是从商务英语的词汇、句法和文体特征出发，将商务英语语言看成一个独立的系统，并根据商务英语语言系统和商务英语语言本体特点而界定的定义，这个层面强调商务英语的教学特性，通过对这个系统的词法、句法、语篇等研究为开展商务英语的教学，即对如何进行商务英语的教与学提供依据。

商务英语语言本体的另外一个层面是商务英语的话语层面，它是将商务英语语言看成一个系统的同时，更强调商务英语语言与商务语境的关系，强调在商务语境中口语和书面语的功能使用。也就是将商务英语作为商务交际工具，关注商务英语语言的交际属性，强调商务话语是商务交际情境中的商务英语语言。这个层面的商务英语话语更加关注在商务组织和商务情境下的商务人士如何用语言进行有效的沟通与交流。

概括而言，商务英语语言系统和商务英语话语是商务英语语言的一个事物的两个层面，即商务英语语言系统层面和商务英语话语层面。两者既有内容重叠，又有内容区分。两个词语的视角不同，前者基于语言的系统观，是相对静态的语言系统，而后者基于话语的语境观，具有相对灵活、动态的特点，并与商务语境紧密关联，关注和强调的是在语境中使用的商务英语话语。

2. 普通商务英语和专业商务英语

普通商务英语和专业商务英语因其具有商务英语语言的一般属性，部属于商务英语语言本体范畴。商务英语形成以来，商务英语研究者们和商务英语教育者们根据商务英语语言本体所含的商务词汇的比重以及商务语篇中所含的商务知识的专业性程度划分了普通商务英语和专业商务英语，其目的是为了更好地、更有针对性地开展商务英语教育教学活动。普通商务英语是指带有国际商务基本特征，包括了国际商务领域和国际商务活动中常用的英语。它通常含有少量的商务英语专业词汇或半专业词汇，涉及国际商务活动各领域中的一般的、常识性的概念、知识和背景，一般不需要通过专门的商务内容学习也可以理解和掌握其意义。而专业商务英语则重在用英语描述和表达国际商务某一领域的知识和背景。专业商务英语的专业性更强，突出国际商务领域中的专业，其专业词汇和专业内容比重更大，知识更深刻也更广泛，需要经过专门的学习才能掌握和理解这些专业词汇、专业内容和专业理论。

普通商务英语教育目的是使学习者了解一般的国际商务活动相关领域的常用概念、知识与背景，掌握这些概念、知识的基本意义，并学会用英语恰当地将它表达出来。普通商务英语的教学对象则是商务英语专业的低年级学习者、非商务英语专业的学习者以及任何对商务英语有一定兴趣的人士。而专业商务英语的教学目标是培养掌握一般商务知识、具有国际商务领域中相对深厚知识与技能和英语语言功底扎实的人才。因此，专业商务英语教学需要包括某个国际商务领域系统的专业知识、更多的相关专业术语、更深的专业商务理论等。专业商务英语的教学对象是商务英语专业的学习者，他们在学习了普通商务英语基础知识以及较为系统的国际商务基础知识，掌握商务英语听、说、读、写、译基本技能之后，需要对其中某一领域进行更深入的专业学习，并能够用商务英语对所学内容进行恰当、流畅的表达，最终完成国际商务沟通与交际任务。

普通商务英语和专业商务英语不是截然划分开、完全独立的，两者具有一些重叠和交叉的地方。但是可以确定的是普通商务英语是专业商务英语的基础，专业商务英语是普通商务英语的高级阶段。在具体实施教育过程中，主要还是根据教育对象和教育目标，由施教者根据实际情况划分和确定。

3. 商务英语和国际商务英语

商务英语是人们开展跨文化国际商务活动的媒介与桥梁，是国家与国家之间、一国人士与境外人士之间进行国际商务活动时所使用的工具语言。因而，商务英语作为国际商务活动的交流媒介和工具时，其本质上就具有国际性，在这个层面上，商务英语就是"国际商务英语"。

（三）商务英语的构成要素

商务英语具有十分广泛的内涵和外延，是商务活动顺利进行的基础，并在国际商务活动交流与合作中发挥重要作用。尤其是随着中国综合国力的提升，中国在国际上的商务活动越来越多，商务英语越来越受到重视。要了解商务英语，只了解它的概念是不够的，还需要了解它的构成要素。商务英语涉及的范畴，如语言知识、专业知识、文化知识、交际技能、管理技能等。

商务英语最为重要的用途是交际。从事商务活动的人必须具有很强的交际能力，这种能力是建立在优秀的语言能力基础上。当然，只具备语言能力的人是不能顺利进行交际的。交际能力涉及的范畴很广泛，不仅包括交际者理解和掌握语言的形式，还包括交际者懂得在具体场合、面对不同的交际对象应该采取怎样的交际方式和交际语言，即根据不同的场合和对象，使用不同的语言形式进行交际的能力。交际能力具体涉及五个方面：听力能力、口语能力、阅读能力、写作能力、社会能力。同时，交际能力强调得体性和达意性。在实践性方面，商务英语注重良好的实践交际能力。

就商务英语研究而言，商务背景是其研究的重点。在特定的商务活动环境中，商务交际者的交际技能和语言技能受到商务背景内容的影响和制约。商务交际技能，顾名思义，是在商务活动中商务交际者必须具备的一种技能。这种交际技能不仅涉及语言层面，还涉及非语言层面。在具体的商务活动中，因商务活动的独特性质，决定语言的使用并不是随意的，它的使用与商务背景的具体内容以及商务交际者的交际技能具有紧密关系。同时，在不同的商务活动中，有着不同的商务交际内容，其商务交际词汇也有所不同。众所周知，商务交际词汇在不同的商务背景中、在不同的专业背景中以及在不同的上下文语境中具有不同的内涵和意义。如果商务交际者不理解专业词汇的具体内涵和意义，不关注词汇所在的上下文语言，则很难顺利进行商务交际和商务翻译活动。在交际实践过程中，具体的交际技能决定交际者将使用怎样的句型结构、说话语调以及说话节奏等。

近年来，随着商务英语的不断发展，商务英语翻译受到人们广泛关注。商务英语翻译是一个复杂的工程，译者要翻译出精品佳作，必须了解商务英语的语言特点、表达方式、背景知识、专业术语等内容。同时，译者在翻译过程中应该准确理解原文，在忠实原文内容基础上，尽可能地将原文作者的思想、意图以及原文内容准确地表达出来。

商务英语由于商务特性，具有很多专业术语、专业词汇，也是译者必须了解和掌握的。另外，一些比较简单且被人们所熟悉的词汇、短语，由于商务英语的特殊性，这些词汇或短语在商务英语中具有特殊的内涵和意义。通常而言，专业的背景知识信息决定译者对翻译词汇的选择。译者要准确完成翻译任务，必须掌握两种语言转换的理论知识，还要掌握商务英语所涉及的专业词汇、专业术语、专业表达。译者在进行具体的商务英语翻译时，需要利用专业知识，然后结合个人的翻译经验进行准确翻译。如果在翻译过程中遇到陌生的商务英语专业词汇、术语或短语，译者必须借助工具或请教他人，不能简单地取其表面意思进行翻译。

无论是在商务活动中，还是在商务英语翻译活动中，从事商务活动的人除了具有相应的语言基础外，还应该具有很强的跨文化意识和跨文化交际能力。商务英语翻译的过程，不仅重视两种商务语言相互转换的过程，还涉及两种商务语言背后的文化之间的交流。因此，从事商务活动的人必须在理解相关商务语言基础上，了解和掌握商务交际双方的风俗习惯、思维方式、表达方式等商务文化。只有在重视语言基础上重视文化的掌握，才能保证商务英语跨文化交际顺利进行。有时，参与商务活动的双方可能并不熟悉，甚至互不相识，面对这种情况，如果不够了解对方的文化背景及其他信息，极易出现交际失误。因此，身处不同文化背景、使用不同语言的交际者需采用能够让来自不同地区、不同文化背景的人接受的行事方式。

翻译是一个复杂的过程，也是一项比较困难的任务。究其原因，主要是翻译不仅涉及两种不同的语言，还涉及两种或多种不同的文化。译者在翻译过程中不仅要掌握两种语言之间的转换，还要了解交际双方在思维观念、风俗习惯、表达方式等方面的文化内涵，这是对译者双语功底、双语文化，甚至多元文化的综合考查。基于此，译者必须具有扎实的双语知识，还要熟悉交际双方的文化知识及表达，只有这样，才能在国际商务活动以及跨文化交流活动中完成翻译任务。

（四）商务英语的内在属性

商务英语由英语发展而来，是基于普通英语基础知识，根据国际商务活动内容而发展形成的在国际商务中进行商务交际所使用的语言，是英语的社会功能变体。但从本质上看，大多数商务英语只是在商务背景下使用的英语，其实它并不是特别的语言。商务英语语言在本质属性上是"英语"，具备英语的一般特征。然而，商务英语又是以商务活动为交际目的，与一定的商务背景相联系，并且与职业行为直接挂钩；它有明确的目的，并且应用于特定的职业领域，涉及与国际商务职业领域相关的专门化内容，与科技英语、医学英语等其他专门用途英语一样，都是英语的社会功能变体，具有专门用途英语的特征。然而，商务英语又超越了一般的专门用途英语，它与商务行为直接挂钩，是一种特殊的专门用途英语。学习一般的专门用途英语，如科技英语、法律英语是个人获取知识的行为，而学习商务英语则是学习成为商务世界的成员。

作为英语与商务的结合体，商务英语集英语语言、商务专业知识、国际商务交际为一体，强调商务交流和商务沟通能力。英国商务英语专家布瑞格提出了"商务英语范畴理论"，该理论指出商务英语应包括五个方面的知识：语言知识、交际技能、专业知识、管理职能和文化背景知识等核心内容。

商务英语作为英语语言的一个重要社会功能变体，专门用途英语的一个分支，它同样具备了语言的一般属性，如语言的任意性、创造性、系统性、结构二重性、文化传递性和超时空性等语言的共性特征。但由于商务英语具有语言与商务内容的交叉内涵、专门用途英语属性和商务沟通目的等特征，它同时还具有不同于其他类型语言的特殊的内在属性，其内容主要涉及以下方面：

1. 商务英语的目的性

国际商务活动的性质决定了商务英语语言的使用具有明确的目的。从事国际商务活动的人员是为了完成交易，实现共赢。作为国际商务活动使用的语言，商务英语强调国际商务环境下对英语的应用，并完成商务目的。这种对商务英语的应用和实践决定了商务英语同样具有很强的目的性，它是国际商务活动顺利地、有效地完成的基础和保证。使用商务英语是为了达到某个目的，对商务语言的运用成功与否，决定了商务活动是否具有成功的结果。商务英语交际的目的明确，要求商务英语表达准确、简洁、清楚、完整、具体、正式、礼貌、得体。同时，其内容还包括商务人士在商务活动中如何用英语语言完成商务活动的内容，即成功地"做事"的内容，因此，反映在语言上，其话语的目的性比普通英语和其他种类的专门用途英语更明确、更强。

从语篇分析角度来看，商务英语具有较强的语域特征，一个语域就是一组适合于某种具体语言功能的意义以及用来表达这些意义的词汇、语法结构。商务社会语境制约语体，语体又制约其自身框架内的其他要素，如词汇、语法和结构等。而语言使用的环境一般由说话者、话题和交际方式等因素构成。换言之，根据对哪些人讲、讲哪些内容、用哪些方式传递等因素来决定商务话语的方式，根据不同的语境选择相应的文体，才能使商务话语得体，实现商务交际目的。

2. 商务英语的多样性

商务英语的多样性是由国际商务活动范畴所决定的。现代国际商务活动范围涉及众多领域——贸易、运输、营销、劳务、技术、投资、会计、电商、保险、人力资源等方方面面的活动，涵盖面非常广泛，各种商务活动涉及不同领域和不同类型的商务话语。商务英语发展至今，已成为一个为贸易、投资而开展的各类经济、公务和社会活动中所使用的语言，其题裁广泛、复杂、纷繁，涉及与国际商务相关的多种内容，呈多样性特征。如物流话语、商法话语、广告话语、营销话语等。同时，为满足不同的商务场合，商务英语还具有为各种不同目的而形成的不同风格的商务语篇，如广告语篇、信函语篇等，也呈多样性的特征。

3. 商务英语的专业性

专业性，或称行业性，它与商务英语的专门用途属性相关联。专门用途英语在内容上与某些特定的学科、职业活动有关……以适合这种活动的语言的句法、词汇、话语、篇章结构为中心；"作为专门用途英语的一个分支以及国际商务活动中的交流媒介与工具，商务英语以表达和传递商务信息为目标，具有独特的行业特点"①。而这些带有行业特征的英语语言材料属于非"英语语言共核"部分，涉及与商务活动相关的多个领域的专门化内容和专门化的表达，它使商务英语成为一门独立的专门用途英语。

商务英语是在国际商务领域使用的交际性语言，涵盖与国际商务相关的多领域内容，如贸易、管理、金融、营销、物流、电商、商旅、新闻、法律等，商务英语的专业性表现在其表达这些领域内容的特定的英语表达手段和方式，也即商务英语专业词语、商务英语惯用表达、商务语篇风格以及商务专业背景知识上。

4. 商务英语的融合性

商务英语是英语与商务的结合，它不能脱离商务环境，通常是与某个特别工作或行业相关的特定内容，是与一般有效沟通能力相关的一般内容的混合，具有跨学科性。跨学科不是一般意义上的学科分化，或者是把相关学科简单地做一些内容上的扩充，不是多学科简单的结合，而是融合，融合性是跨学科的一般属性。因此，就商务英语而言，英语与商务的结合也不是"语言"学科与"商务"学科的简单加总，不是界限分明、各自独立内容的相加。商务英语本质上是普通英语与国际商务的混合体。英语与商务在交叉的过程中，相互交流、相互吸收、相互复合，在水乳交融之后，形成了互相混合、互相融合的完整的、独立的语言体系。并且这个体系在实践中不断发展、不断升华。就商务英语与英语语言关系来看，商务英语是国际商务活动中所使用的语言，与文学语言、科技语言等文体具有共同的实质。可见，普通英语是商务英语的根基，商务英语寓于普通英语中，两者也不是完全脱离，而是相互融合，互为渗透的。融合性是商务英语的根本属性，是商务英语成为独立学科的基础。

5. 商务英语的规约性

规约性是商务英语语言的社会属性。国际商务活动中工作程序规范，规律性强。在长期的国际商务交流中，作为商务环境下使用的英语，商务英语以服务商务活动为目标，在内容上针对特定的事物、内容、项目和场景，形成了商务英语独特的语言特征、语篇式样、文体风格、固定的习惯表达等。商务英语更注重实际的交际功能，其语域特征使其文体具有较强的程式化色彩。

商务英语这些套语的语域特征明显，交际功能明确、表达方式相对固定，具有较强的规范性，体现商务英语文体风格，是其语篇组织的主要方式之一。这些具有"固定式"的结构，约定俗成，都有一定的步骤，高度程式化，具有规约性、重复性、习惯性、可模仿性，并且要求某个社团成员共同遵守，帮助他们顺利进行跨语言、跨文化的国际商务交际

---

① 鲍文. 商务英语教育论［M］. 上海：上海交通大学出版社，2017：6.

活动。

6. 商务英语的开放性

从语言发展的历史角度来看，语言都不是自足的、一成不变的。语言体系的开放性特点是语言发展的自然规律。但是，任何一种语言体系，在一定的时间内都具有一定的完整性和自足性，这种自足性和完整性使得语言具有一定的社会功能，以适应使用语言的社会成员的需要。

较之普通英语和其他种类的专门用途英语，商务英语具有更大的开放性。商务英语作为与现代经济社会紧密相关，并服务于当代经济、社会、科技发展交流与沟通的工具语言，它随着社会、时代、经济、文化、科技等的发展而不断发展。商务英语语言系统不断吸收和容纳当代国际商务各个领域的新思想、新概念、新技术、新方法和新模式，并体现在商务英语语言的词汇、短语等内容上。商务英语语言系统的开放性使得商务英语成为相对动态的学科，成为充满挑战，但同时又充满魅力的学科。

商务英语语言的融合性、共核性、目的性、专业性、规约性和开放性等属性形成了商务英语语言的鲜明特点，使其区别于普通英语和其他种类的专门用途英语，成为国际商务社会人们共同使用、进行国际商务活动的跨文化交流与沟通的工具性语言。

二、商务英语教学中跨文化交际能力培养的策略

"随着企业国际化的进程加速，培养企业中实用型人才成了高等教育中一项重要任务"①。商务英语课程在基础教育中的地位日趋提高，问题也随之产生。部分学校没有认识到商务英语中跨文化交际知识的重要性，或是认识到其重要性没有找到合适的方法去解决现存的问题。在英语教学中培养学生跨文化交际能力主要有以下建议：

第一，加强教师对文化方面知识的学习，培养教师的文化意识。首先高校应该采取多种措施提高教师文化意识。例如，与跨国企业建立合作关系，选派英语教师去参加学习。这样可以加深教师对商务英语理论知识的理解，学习更多的跨文化交际知识，在课堂教学中把这些抽象的理论知识变成生动的实践知识传授给学生。另外，学校要为教师提供尽可能多的进修机会，与其他院校展开学术交流或以报告形势向教师们传输最新的人才市场对商务方面人才的需要，以便于教师在课堂中有的放矢，针对社会需要向学生传授相关知识。

第二，将跨文化融入商务英语授课中，增强学生的跨文化意识及语用能力。文化差异

---

①张国庆. 培养跨文化交际能力在商务英语教学中的重要性及实施建议 [J]. 文学界（理论版），2010（11）：162.

存在于称谓、话语禁忌与委婉语以及非语言交流等诸多方面。教师要尽量使用真实的语料，除了着重讲授英语基础知识和商务专业词汇，还要向学生讲解诸如称呼、访问、宴请、告别等社会交往的文化因素，潜移默化中帮学生提高语言形式的正确性，重视语言应用的得体性，从而逐步获得跨文化的敏感性。

第三，注重任务教学法的使用，以学生为中心，锻炼学生的商务交流能力。任务教学法是基于完成交际任务的一种教学方法。这种教学方法以学生为中心，教师为主导。教师制定目标，学生围绕这一目标任务做出计划，通过自己的努力完成任务，并对自己的完成情况进行评估，最后得出经验教训。任务教学法能够激发学生的兴趣，并在完成任务的过程中培养学生的创新意识及解决问题的能力。商务英语课程中，教师应努力设定一些仿真企业环境，让学生身临其境地练习一些一般场合中的英语沟通技能，例如社交，电话交流，面试，谈判等。尤其需要注意的是，要在完成这些任务的过程中让学生特别注意跨文化的差异。对于学生用词不当所造成的语言上的差异，或交流过程中出现的非语言的差异，教师应组织学生讨论，给予正确指导。任务完成后，要求学生对交流过程中文化差异方面的问题进行总结，避免再次犯错。

第四，充分使用案例教学法培养学生的分析能力。针对商务英语交流中由于跨文化所产生的问题，教师可设置一些案例由学生来分析，这样做有助于激发学生的学习兴趣，加深印象。例如，在英汉文化中，很多动物具有完全不同的意义。我国的白象牌电池，品质优良，却在欧美市场久销不动。根据学生对英语中动物形象的了解，白象（white elephant）表示无用的东西，从而找出该品牌失败的原因。这样做既可以让学生牢记这一文化差异，更重要的是，可以让学生认识到掌握跨文化知识的重要性，有助于培养学生的文化意识。

第五，利用多媒体等多种手段进行跨文化训练。教师应积极探索新的教学模式，充分利用计算机网络及多媒体学习平台，提高教学效果。例如，教师可以通过多媒体播放国外电影及视频短片，让学生接触到活生生的商务文化，了解各国的商务礼仪及社会习俗。帮助学生从西方社会的日常行为中去学习其文化。也可以指导学生录制自己的模拟商务活动短片，在播放过程中，找出缺点，培养应对各种问题的能力。

综上所述可见，在商务交流活动日趋增多的今天，商务交流中由于文化差异所产生的问题也日益显露出来。企业对人才的要求为大学生的学习指明了方向，也对高校教师提出了更高的要求。因此，在商务英语教学中融入跨文化交际知识至关重要。教师应通过充实教学内容，使用多种多样的教学方法及手段培养学生的文化意识以及处理跨文化交流中所出现的问题的能力。

第二节　基于英语智慧教学模式的跨文化交际能力培养

随着科技进步，互联网教学的发展，智慧教学越来越多地应用于各种学科教学中。智慧教学就是指在互联网与各种教育技术的支持下，运用各种教学方法与教学手段，进行有效的教学活动，培养智慧型人才的教学方法。在此基础上的智慧教学模式相对于传统的教学模式在教学环境、课堂教学设计与评价设计等方面也有了更好的创新与发展。

在教学资源方面，最初的大学英语网络学习是教材的补充，往往被老师用来布置作业或者自我测试来辅助教学，而现在的智慧教学模式，则可以利用多种网络平台及资源型网络空间，与学生建立起课堂以外的教学活动联系。以上海外语教育出版社的随行课堂为例，除了对相应教材进一步阐释和辅助外，还有其他的板块，如：微课直播、金课分享、经典欣赏、文化评说等，除此之外还设有管理模块：在线签到、师生问答、生生互动、学情分析、阶段性评价等，移动端可以接入平台，便于学生在线学习。

在大学英语智慧教学模式下，师生关系也有了前所未有的改变，在智慧教学软环境里的师生关系是一种人文关系，老师了解学生、尊重学生，主动研究学生情况、主动与学生沟通与交流，善于与学生交往。学生在这种良性环境中敢于表达敢于畅所欲言，这一点对于英语的学习尤为重要。

智慧教学借鉴了"学-研-创"的理念，重新设计教学，以多种教学组织形式，着手培养学生的创新、创造能力。大学英语智慧教学模式在教学组织形式上有其独到的设计。首先是学生在教师指导下的自主学习，为学生提供支持与模板，在学生掌握基础知识与技能的浅层次学习前提下，进一步推进学生的深层次学习，智慧教学模式重在挖掘隐性知识并向应用层面推进，问题设计教学始终贯穿整个教学过程，培养学生们的探究能力。在培养学生探究能力的基础上引导学生参与到实际应用和实践中，利用工作坊、创客等形式，进行创造驱动的学习，培养学生的创造力与竞争力。智慧教学模式由于借助了多媒体及网络技术，其评价方式也不再是单一的终结性评价，可以随时随地地进行全方位多阶段的评价方式。智慧教学模式完全有别于传统教学模式，是教育发展的必然结果也是未来教育发展的必然方向。

利用智慧教学培养大学生跨文化交际能力的策略主要从以下方面论述：

第一，智慧教学模式下，充分利用网络资源空间，引导学生对不同文化进行比较与思考，培养其跨文化交际意识，自主获取跨文化交际知识。例如，学生的听力学习资源里有

VOA 的新闻直播，引导学生在练习听力的同时，观察中国媒体与美国媒体在新闻人物的报道方面有哪些不同，并用英语与同学、老师在线交流。一般而言，中国侧重于抽象思维，注重概括性内容，选择当事人那些最精彩、最有价值的新闻事件，树立起高大的形象，也使观众们产生浓厚的兴趣；而西方则注重形象思维，从细微处呈现当事人的闪光点，从点到面由小到大，引导人们对新闻人物的逐步认识。所以，西方新闻人物更丰富更立体，相对客观理性。在这个学习过程中，学生们自己通过观察、比较、讨论，最后一起得出结论。整个过程完全是学生的自主学习，并且激发了他们对于跨文化学习的兴趣，在比较中学习，在比较中探究，学生完全成为学习的主体，自觉地获取跨文化知识。

第二，教师利用智慧教学资源不断提升完善自我，并为自己的角色重新定位，积极向学生在跨文化学习与跨文化交际能力培养方面提供帮助。当前高校教师受地域及自身条件限制跨文化体验严重不足，跨文化意识较为淡薄，掌握的跨文化知识也不成体系，在教学中不能很好地处理英语语言知识与文化的关系。甚至还有很多教师在教学中依然占据着学习过程中的主体地位。教师首先要利用智慧教学的各种资源来丰富自己，通过学习世界各大名校的网络课程来充实自己，构建自己的跨文化知识体系。同时在教学过程中将英语知识技能与跨文化内容有机地结合起来，不要顾此失彼而要齐头并进。在大学英语智慧教学模式下，教师不仅仅是引导者，还必须具备一定的现代教育技术知识，为学生的在线学习提供技术支持，成为学生的服务者。在学习过程中引导学生的同时，跟学生一起获取更多信息，参与更多的实践尝试，成为学生学习过程中的协作者，随时为学生的跨文化知识的学习及交际能力的培养提供帮助。

第三，充分利用便利的网络环境资源，创设情境，注重实践教学，提高学生的跨文化交际能力。培养学生的跨文化交际能力最终还是要通过在真实自然的语言环境里实施训练来实现。在智慧教学模式下，智能学习平台能够根据学习者周围所处的环境进行智能分析，处于同一智能区域范畴内的学习者可以通过共享的平台或者应用程序进行相互联接，找到学习共同体进行互动交流，在教学软件的帮助下创设真实自然的语言情境，在网络上的真实语境中学生们可以进行同文化与跨文化的各种交流。学生以学习小组为单位进行角色扮演，拍摄成情景剧上传到学习平台，所有同学参与打分并给出加分或减分的理由，最后根据同学们的选择来评选出最佳情景剧，老师在权限范围内给予奖励。通过这种创设真实语言环境的有的放矢的训练，学生们将学到的跨文化知识与跨文化交际能力自主结合起来，主动地进行跨文化交际能力的训练，有效提升了他们的跨文化交际能力。

第四，利用智慧教学评价模式，对跨文化知识与跨文化交际能力进行全方位、阶段性评价。由于大学英语教材的重点仍然在语言知识与技能方面，相关的文化背景通常让学生在课下自行阅读，以文化为基础的语言教材在高校的大学英语教学中极为少见，所以对于大学英语教学的评价模式也是针对语言知识的终结性评价。传统教学模式下，由于大学英语课时量较少，教学任务繁重，往往几个教学班级合堂上课，无暇进行阶段性评价。智慧教学模式下，通过 U 校园及"随行课堂"等网络平台可以随时随地对学生学习情况进行评价，老师既可以对学生的英语知识与技能进行评价，同时也可以对学生的跨文化知识进行测试评价，充分利用这些学习平台的功能，设计各种各样的跨文化交际场景，布置任务，实施对学生的阶段性评价。"因为语言是一门非常灵活的学科，在网络的帮助下也可以设计一些关于跨文化的实践项目，并对此进行开放式评价"①，这些评价方式能更好督促学生自觉地学习跨文化知识和进行跨文化能力的培养。

培养学生的跨文化交际能力是大学英语教学的最高级目标，是时代发展的需要。因此，在这个便捷的信息化网络时代智慧教学也已成为教育发展的必然结果，是未来教育发展的方向。将智慧教学模式应用到大学英语教学中，不仅对学生知识技能的掌握起到较大的提升作用，更是对学生跨文化交际能力的培养起到了事半功倍的效果。

第三节　基于混合式教学的英语专业学生跨文化能力培养

一、混合式教学概述

日新月异发展的信息技术和通信技术不仅给人们的生活、工作与社会交往带来革命性的变化，并驱动着人类学习方式与教育方式的深刻变革，混合式教学就是现代教育技术的一个重要研究和实践内容。基于互联网的教学平台一方面为学习者提供了丰富的教学资源和自主学习空间；另一方面也为生生交互和师生交互提供了更加便捷的途径，成为"互联网+教育"的重要教学模式之一。当今，具有可操作性的定义，一般收敛在"线下面对面与在线学习的集合"上，便称为"基于 SPOC 的混合式教学"。例如，近年来我们在大学英语课程的教学中就采用了混合式教学：课程教学开始前，教师设计好教学流程，准备好学生线上自主学习的材料；线下的课堂教学以生生互动、师生互动为主；从检查自主学习效果开始，直至后期讨论能力拓展学习的内容；学期结束，将学生的各种互动成绩与课程结业考试成绩一起作为本课程的学业成绩。这不仅是混合式教学的方式，也是对学生学习做形成性评价的一种方法。

---

①吕明.英语智慧教学模式下大学生跨文化交际能力的培养策略［J］.潍坊学院学报，2020，20（3）：108.

采取线上线下相结合的基于 SPOC 的混合式教学模式，可以实现在线课程和课堂教学的优势互补。相比于在线教育，教师的监督作用得到了加强，学生完成课程的比例得到大幅提高；相比于课堂教学，教师可以通过选取适当的内容作为线上教学课程，降低了授课过程的成本，教师还可以根据线上学习的反馈信息，改进课堂教学；在课堂教学中，教师可以引入实践环节，强化学生的学习体验，增进教学效果。

（一）混合式教学的特征分析

根据现代教育理论，学习过程包括程序性学习和启发性学习。以记忆为主的程序性学习完全可以以学生自主学习为主；启发性学习过程，需要通过作为专家的教师与学生之间的互动来完成。由此可见，将信息技术和课堂教学有机整合，有助于形成以学生为中心，充分发掘学生自主学习动力和创新能力，形成互联网+高等教育教学的特色教学模式，提高高等教育的竞争力。

新时代对人才的协作学习能力、交际能力以及批判性思维能力提出了更高的要求。约翰逊兄弟在《合作学习》一书中提到，当面临多种学习组织形式时，推荐选择协作学习方式，并提出协作学习五要素理论：①积极的相互依赖，小组的成功与每一位成员的努力密不可分，成员之间的紧密协作才能促进学习绩效的最大化；②面对面的促进性交互，协作学习中要保证一定程度的面对面交流，促进信息的交换与加工；③个体与小组职责，小组成员之间应明确自身任务，努力完成自身职责，以确保小组整体工作的完成；④人际与小组技能；⑤小组自加工，是对小组内部活动的反思，包括对已有协作成果进行反思和修正。在学校的学习中加入协作学习的形式，可以培养学习者的协作意识，有利于提高学习者的分工与协作能力。此外协作学习还可以充分调动学生积极性、参与性，培养学生协作能力和创新能力。混合式协作学习随着计算机网络技术的发展逐渐在教育活动中成为热点。

混合式教学包括任课教师安排给学生的自主在线学习（或多媒体学习）与课堂互动两个模块。在线学习模块的内容常以教师讲课短视频、作业练习、互动交流、测验考试、通告邮件等方式向学生提供学习资料，结合泛在学习（ubiquitous learning）的特点，使学习过程实现随时化、随地化，方便学生的学习时间安排，满足个性化学习的需要，但是其片段化的学习，不利于学生将知识有机地整合，并加以应用和评价。课堂互动结合即兴学习（right on the site learning）的特点，有利于将学习体验和个人经验进行整合，通过课堂探究和讨论，加强学生思维的主动性，实现学习过程的内化。

在课堂互动环节，教师可以采取基于问题的学习方式或者基于项目的学习方式。教师根据教学的重点或者难点，按照由浅到深的原则，有目标地设计教学问题；学生通过解决问题，将线上课程中所学习的知识应用到特定的环境中来，通过小组讨论和教师的引导，对产生的结果进行评价；学生还可以通过解决多个问题，按照归纳推理的方法，对所学知识进行归纳，从元认知的高度实现对知识的内化。根据最近发展区间原理，课堂讨论的问题既要考虑学生的学习兴趣，也要考虑学生的学习能力，这样才能充分激发学生在讨论中的活跃程度。在讨论中，也可以适当引入劣构性问题，在解决这类问题时，学生需要自主判断题目给出的条件是否适当，并通过查阅资料，找到相应的条件，如地球的质量、原子的大小等，通过建立简化模型来解决问题。对于实践性较强的课程，教师还可以开展基于项目的学习：教师根据学习目标，确定学生的学习项目，包括实验设计、课件制作、程序设计、数值模拟等。学生根据学习项目制订出相关计划书，教师和学生通过讨论确定计划书的可行性。在实验课堂上，各学习小组按照计划完成相关实验，教师帮助学生及时解决实验中可能出现的问题。完成实验后，小组按照研究结果写出研究报告，并在课堂上宣读。对于基于项目的学习，学生不仅需要运用和实践所学的知识，可能还需要将其他领域的知识整合到探究过程中，提高对知识的掌握程度。

然而，课堂讨论的时间有限，学生完全采用探究性学习的模式，其学习内容必会减少，会影响学习的成效。不同的混合模式可以将在线学习过程和课堂讨论环节有机地整合起来，教师可以采取课堂教学为主，在线学习作为补充的非翻转学习模式；或者以学生在线学习为主，课堂讨论作为补充的翻转模式，将两者的优势结合在一起，提高学生的学习效果。实施翻转课堂，教师可以采取在课堂讲重点、难点后再进行课堂讨论的部分翻转模式，或者课堂全部用于讨论的完全翻转模式。

采用翻转课堂模式，至少可以带来三个方面的益处：①实现授课、批改作业与辅导任务的分离，释放教师知识教学的劳动力，让教师的教学时间真正花费在个性化的交互中。②思辨和身教的补足。以往，教师在课堂里都是口若悬河地进行"填鸭"式教学，学生仅是被动的知识接收者，翻转课堂可以给这个问题带来转机。课堂时间一旦不再是以知识传授为主的讲课时，就可以在学生线上自主学习的基础上，聚焦到探究式的个性教学中，包括答疑解惑、深入讨论、实际操作演示甚至手把手地指导实验等。真正实现个性化的教育，才是能培养出独立思考、实践动手能力的教育，让学生接收了知识之后能有所创造。③课堂职能的转变逼迫教师必须更深入地理解课程内容，进而提升教学水平。不能想当然地认为每个教师对所讲课程的理解都是全面且深入的，当一个教师能够很好地使用别人的视频资源来授课时，在学生面前，他就由一个简单的传达者变成了一个启迪者。这个过程，对教师的教学和业务能力提出了更高要求。

（二）混合式教学的具体要求

信息技术与课程教学深度融合并非单纯的技术与课程的关系，而是一个需要以培养怎样的人才为目标的"系统工程"，至少需要从教学设计、教学实施和学业评价三个方面做整体规划和系统设计，需要探索技术与课程深度融合的方式方法，重点做好教学设计。教学具有目的性，因为教师总是为了某一目的而教，从根本看是为了帮助学生学习为了达成"帮助学生学习"的目标，做好混合式教学的教学设计就显得尤为重要。

教学设计指的是针对特定教学目标与教学对象，对教学资源与过程的计划与安排，也称为教学系统设计，教学系统开发，教学开发。著名教学设计理论家瑞格鲁斯在其主编的《教学设计的理论与模式》一书中指出：教学设计是一门涉及理解与改进教学过程的学科。任何设计活动的宗旨都是提出达到预期目的的最优途径。

1. 不同教学类型的定位

混合式模式主要是针对在校学生的，因而其课程教学的运作方式完全取决于任课教师的教学理念和对课程教学目标的定位。根据学生不同的认知活动，可将学生的学习分为三大类，即知识学习（包括事实、概念和原理的学习），技能学习和情感认同。

（1）以知识传授为主。知识传授型教学模式按课程自身的知识框架方式划分章节，每一章节内容配套作业、测试题，以此不断对学生进行知识的强化，使其形成知识的内化。而对实践能力的培养，只能通过设置一些思考、讨论题目和课外附加实验等方式来实现。传统的课堂教学模式，都采用了这种教学方式。在线课程教学模式，则随不同的教学平台而稍有差异。目前所见到的绝大多数教学平台都采用这种知识传授型的模式，平台上的教学大纲、教学视频、作业、练习、测试题目的多少完全由任课教师根据授课对象的实际情况（原有的知识背景、现阶段可以投入的时间、需要达到的培养目标等）来设置；还可以提供拓展性教学资源，如电子书籍、教学案例、常见问题集、往届学生作品集等。丰富的数字化教学资源不仅让教师开展信息技术与课程教学深度融合有了可靠的资源保障，而且随着教学资源的日积月累和不断更新，教师本人对课程知识的掌握会更加全面和深刻，学生可选择的学习内容更加广泛和深入，课程教学向更有深度的学习转变。

网络平台上的测试题定位于前测题，即在课堂讨论之前学生需要完成的测试。前测题有两种处理方式：一种是在学生的视频学习过程中弹出测试题，目的是强迫学生在此时停下来，思考前面的内容是否听懂和理解了，如果对相应问题回答不正确，可以要求学生回去再学习一下，直至回答正确；当然，也可以设置为无论回答正确与否，休息一下就继续往下学习。另一种是在章、节学习结束以后做作业和测试，还可以要求学生对同伴的作业进行批阅评判。教师针对前测题中暴露出的问题组织课堂讨论；之后，学生还可以再次去做该章的测试练习（多数学习平台都将同章节内容的测试次数默认为三次，取最高分为保留成绩）。当然，设置的前测题一定是课程教学中的重点和难点。

（2）以能力培养为主。美国教育协会制定了 21 世纪学习框架，框架中包括 21 世纪人才应该具有的 18 个要素，其中最为重要的是"4C 核心能力"，即批判性思维与问题解决能力（critical thinking&problem solving），创新与自主学习能力（creativity&active learning），沟通能力与合作精神（communication&cooperation），跨文化理解与全球意识（cross-culture understanding&global awareness）。

以大学英语混合式教学为例，教师需要厘清大学英语课程在培养学生的科学素养、能力中的具体体现，即英语课程知识与相关能力的关联。在实际操作中，需要从能力培养的角度构建知识传授的框架结构和途径，形成以问题为导向的教学——重新组织教学。在新的教学模式中，交互方式发生变化，实践环节得到加强，学生需要投入更多的时间和精力，某些问题需要自己去设计实验来回答清楚。在线学习中，学生必须具有很强的学习动机和自主学习能力，其信息技术素养和技能可以纳入创新与自主学习能力培养标准。教师要结合"以能力培养为主"和"知识传授型"的教学优势，将在线教学、课堂教学、实践环节的优势有机地整合在一起，结合线上学习的反馈信息，以循序渐进的方式开展协作学习，实现对学生交流沟通能力、批判性思维能力、创新与自主学习能力等的培养，为学生将来的职业发展奠定坚实的基础。

（3）以素养提高为主。教育要学生带走的不仅是书本里的东西，还有超越书本知识的人的素养。教育和教学不可分割，教师要在学科教学中培养学生的核心素养。学生的核心素养是适应个人终身发展和社会发展的必备品德和关键能力。中华人民共和国教育部提出中国学生应发展核心素养，这些核心素养包括文化层面的人文底蕴、科学精神，自主发展层面的学会学习、健康生活以及参与社会层面的社会担当与实践创新，共六个方面，这些内容和 4C 核心素养既存在交集，也有不同。中国学生发展核心素养将学生的个人发展与社会主义核心价值观进行对接，从"立德树人"的高度阐释社会与国家对学生发展的重视。

发展学生的核心素养需从课程建设和教学模式两个方面去落实。从课程建设角度来看，满足不同学生的差异化需求，使学习者利用已有的知识水平和认知能力，接收新信息，学习新知识，用新的知识构建自己的知识体系、能力体系、道德体系，满足所有学生自我建构的需要。落实到具体学科，可以在教学设计上增加科学前沿进展以及中国科学家在科技前沿的相关工作，提高学生的民族自豪感和社会服务意识。从教学模式角度，在混合式教学中，教师需要重视营造积极向上的学习环境，鼓励学生通过自主学习、协作学习开展科学探究活动，培养学生知难而上、刻苦钻研、百折不挠的职业素养。

结合不同类型的教学优势，实施层次化教学，满足学生差异化需求；实施整体化教学，实现知识的横向联系；实施主题化教学，实现知识的纵向联系；实施问题化教学，实现知识的横纵联系；实施情景化教学，实现由学习走向生活。将在线教学、课堂教学、线下实践三个环节的优势有机地整合在一起，结合线上学习的反馈信息，以循序渐进的方式开展小组讨论，实现对学生口头表达能力、批判性思维能力等方面的培养，构建"在线学习+课堂讨论+线下实践"的"互联网+"教学模式。

2. 不同教学环节的要素

在混合式教学设计中，先要对授课内容按时间节点划分学习单元；根据线上线下不同模块的教学特征，又可将每个学习单元划分为线上、课堂和实践三个环节，每一个环节，都需要关注教学的基本要素。

（1）在线教学环节的要素。在线教学环节，学生需要根据自身的情况确定各自的学习路径，学习路径的确定体现了学生在线学习个性化的情况。线上教学资源包括视频部分的教学目标、教学内容以及相关的小测试、单元作业等，其内容相对机动，可以包括预备知识的介绍、重点内容讲解和习题选讲。教学视频是支持在线学习最重要的资源之一，合理运用教学视频能够有效吸引学习者的注意力，增强学习动机，提高学习成绩，增强学习满意度。现有的在线开放课程中的交互形式归为三类：人–人交互、学习者–内容交互和学习者–界面交互。在线学习环节设计中，至少应包含学习者–内容交互的内容，具体可以通过设置进阶题目、问答题等实现学习者与学习内容的交互。这样安排有利于不同层次的学习者通过线上学习获取课程知识，不能通过自主学习解决的问题或疑惑，可以提交到学习平台上的互动空间，与同伴或老师交流讨论，获得必要的帮助。

（2）课堂讨论环节的要素。课堂讨论环节以强化学生对知识的应用和评价为目标，不同的学生在自主学习过程中可能存在解决个人特定问题的需求，有必要通过协助学习获得帮助。学生在讨论过程中，对已产生的特定问题能否得到解决，体现了线下学习的个性化问题。学生学习活动的个性化程度从另一个角度反映了学生学习的主动程度，而激发学生的兴趣，提高学生学习的主动性是终身教育的一个重要目标。

交互是教学活动最基本的特征之一，课堂设置合适的互动环节是一种典型的人–人交互活动，对学习者的学习有着重要的影响。课堂互动教学实施过程，可以从现实问题或引导性问题出发，以小组讨论的形式，讨论课程教学中的重点和难点相关内容。讨论内容设计应重视和现实的联系与题材的趣味性，学生通过同伴协同学习增加对课程学习的积极性，提高对所学知识的掌握程度，密切同学之间的人际关系。

（3）线下实践环节的要素。随着现代信息技术的发展，开发更多的线上虚拟仿真实验，有助于学习者从实践中学习，通过实验深刻理解学科知识内涵，提炼创新元素，提升创新能力。当然，设计开发线上虚拟仿真实验必须突破"学习者-界面交互"的技术问题，也可以在交互式电子书的设计中关注这种交互方式。在课程实践中，实际操作和讨论课逐渐增加，线下实践环节由学生自主选题，设计实验方法，突出对学生自主创新能力与主动学习能力的培养。

线下实践环节的评价采取学生互评与教师评价相结合，评价指标可包括独创性、工作量、完成度、课堂展示四个方面，积极引导学生培养开拓创新、勤奋刻苦、善于沟通等与核心素养相关的技能。

不同课程从线上课程和课堂教学各自的特点出发，实施混合式教学模式的研究和创新，增加基于实践操作和虚拟实验的体验性环节。通过对布卢姆教学目标进行分工，在线课程侧重基本概念和原理的学习和理解；课堂教学过程采用启发性问题导向式学习，帮助学生进行知识内化，侧重培养学生对知识的应用和评价；在实践环节培养学生的创新精神，构建"在线学习+课堂讨论+线下实践"的混合式教学新模式，激发学生的学习兴趣，提高教学质量，为互联网+大学课程教学探索了一条新路。

二、混合式教学中跨文化交际能力的培养策略

下面以《英语视听说》为例，对混合式教学中跨文化交际能力的培养。《英语视听说》是高校英语专业必修课，注重学生语言实践能力的培养，即：学生的听力，口语表达能力。目前，民办高校英语专业《英语视听说》的教学现状是：①课上教学多为英语听说训练，跨文化能力的培养意识较为薄弱；②在沟通过程中，学生们只注意正确的英语表达形式，却忽略语言表达的适当性和目的国家的文化差异；③学生掌握异文化知识只限于学习相关课程，形式单一，缺乏系统性，不利于异文化意识的培养；④个别学生受专业影响，过于重视目的国文化，而忽略对本国传统文化的继承和理解，跨文化思辨能力不足。由此可见，注重学生的跨文化能力的培养显得尤为重要。本书以《英语视听说》为载体，以培养跨文化能力为目标，将知识、态度、意识和技能（跨文化能力四要素）融于课程设计，通过线上、线下混合式教学模式进行输出，以达到新《国标》背景下人才培养的要求。

第一，《英语视听说》线上跨文化教学实施方案。线上基于混合教学平台，如超星、蓝墨云班等进行线上学习，教师将传授跨文化知识作为课前预习的重点，以中国 MOOC

（慕课）为基础，网络资源为补充，要求学生在线学习与教学内容相关的中国传统文化知识和英语国家文化知识。这既可以打破时间的局限性来拓展学生的知识，又可以弥补教材中文化知识的不足。在学生线上学习的过程中，教师可以根据系进行线上答疑。学生完成课前预习后需要完成教师布置的任务，通过平台完成线上测评。教师可即时、准确地掌握学生跨文化学习的效果并根据大数据分析结果了解学生跨文化学习中的不足。线上平台的学习优势是为学生提供便捷的方式，不受时间和地点的限制，可自由支配个人时间，有效利用零散时间。另外，学生可以对没有掌握的内容进行二次学习，不存在注意力不集中、遗漏知识点等问题，有助于提高学习效果。

第二，《英语视听说》线下课堂跨文化教学实施方案。实践是提高学生跨文化能力的关键，也是提升跨文化技能的有效途径。线下教学时，教师考虑的重点是"学生中心"的设计标准，将语言技能训练与跨文化能力的培养充分融合。线下课堂教学主要以转变学生跨文化态度，提升跨文化技能为主要目标。教师围绕教学单元的主题设计教学活动，包括：听说训练、师导生演、情景模拟、小组辩论和案例点评。

听说训练主要围绕课前预习的跨文化知识，选取适当的语音材料对学生的跨文化交际能力进行训练。跨文化态度由语言者的内因决定，但外因的促进也会在一定程度上起到重要作用。教师应鼓励学生以多元文化的视角去接纳和包容外来文化，以培养积极包容的跨文化态度。在教学中，教师可以通过案例分析或情景模拟来对比文化差异、讲解文化冲突，从而启发学生透过现象探究背后的深层文化差异，以增强学生对异文化的理解。有研究证实，扮演角色是改变态度一种行之有效的方法。因此，教师作为导演设计任务，学生作为演员，设身处地地亲身感受可增强学生对异文化的理解，转变其态度。

小组辩论使学生思维敏锐，洞察力增强，思辨意识提升。在辩论中明晰跨文化态度，提高跨文化技能。辩论结束后，教师应该高度概括各小组的见解，凝练各小组的成果，再要求各小组进行相互评价。同伴互评是进一步深化对跨文化知识的理解。

第四节　基于微课辅助教学中的跨文化能力培养实践研究

一、微课概述

"微课是微型网络视频课程的简称，是将课本中的某个知识点制作成一种新型视频课程，可支持多种学习方式，非常适合当代大学生，尤其是高职英语学习"①。由于微课视频制作烦琐，将其应用于高职英语教学的教学方式小范围内普及，仍需进一步推广；同时微课视频普遍用于上课教学，受任课教师教学学时限制，往往不能完全展开，仍需探索适合将微课应用于高职英语教学的新思路。

随着教育的不断发展，实现教育现代化、提高教学效率、促进我国教育事业的可持续发展已经成为教育工作者必须着重探究的问题。微课作为新时期以信息技术和网络技术发展为前提的新型教学方法，紧跟科学发展和时代发展脚步，结合现代科技实施现代化教学。由于微课教学能够针对学生当前的具体情况以及大学英语教学内容、教学目标、课程结构设置有效的教学内容，更符合学生的学习需要和教师的教学需求，所以在大学阶段，微课教学已成为教师重点采用的一种教学方法。此外，利用微课教学还能够让学生成为学习的参与者和主导者，满足不同层次学生的学习需求。此外，在大学英语教学中应用微课教学，能够进一步实现教学课堂融合网络信息，为教学理念的进一步发展和更新以及实践提供更多有利条件。

"微课"是指在课堂教学的过程中，教师会把所有的注意力聚焦于其中的一个知识点（例如课程的重点、疑点、难点）或者技能等专一的教学任务，并对其开展教学活动时所用的一种方法，这种方法有着清晰的目标、强烈的导向性、教学时间较短等特征。

微课的时间虽然相对而言比较短，但其组成成分比较完整，有主要部分和次要部分。其中的课堂教学视频是主要部分，是组成微课的重要部分，而视频的内容主要包括课堂教学过程中的难点和重点等主要内容，旨在拓展学生的思维，使得学生掌握课堂所学知识的方式变得更容易、更有效。另外，上课前的教学设计和材料课件，课中和课后的测试练习、学生反馈、教师评价等都属于微课的次要部分，这些均是促进微课得到进一步提高的辅助性的教学资源，也是一个非常重要的组成部分。

只有核心部分和辅助部分按照一定的组织关系，有序、和谐地相互配合，共同构建一个半结构化、主题化的资源单元应用的环境，才能使学生的课程更顺利、更有效地进行。与传统单一的教学资源相比，微课的教学资源种类更是各样，但它们既有区别，又有联系。换言之，微课是以传统教学资源为模板，对其进行一些创新和开发而形成的。

（一）微课的特点

第一，主题突出、内容具体。每个课程的微课，研究的主题只有一个，选择的主题要

---

①王立荣. 基于微课辅助教学的高职英语教学中跨文化能力培养研究［J］. 文化创新比较研究，2020，4（4）：163.

始终围绕着教育教学的具体实践，如突破教学难点、教育教学观点、学习策略、强调重点、教学方法等都可以作为研究的主题，同时也可以选用那些具体的、真实的问题。

第二，基层研究、趣味创作。微课的课程对课程开发人员的要求不高，基本上任何人都可以成为课程开发人员。此外，从课程研究与开发的目的来看，是帮助学生和教师紧密联系教学目标、教学内容和教学手段来完成教学。因此，创作的内容对于教师而言，必须是其熟悉的、有趣的、可解的问题。

第三，资源容量较小。微课视频的容量相对较小，其容量（包含辅助性资源）一般仅有十几兆。因此，微课视频不仅可以支持网络在线播放，还可以下载到手机上随时随地观看。因此，无论是教师在线观摩、评课，还是课后反思、研究都是极其方便的。

第四，教学内容较少。微课教学的主线为片段视频，主要对课堂教学过程中的某一学科知识点进行重点强调，而传统的课堂教学一节课需要完成的内容有很多并且比较复杂，相对而言，微课的内容就比较简单、准确、突出主题的速度快，更与教师的需求相适应。

第五，教学时间较短。微课的教学时间是依据学生的认知特点和规律来制订的。由于学生集中注意力的时间相对较短，微课的视频内容相对精确、简单，有着鲜明的主题。因此，其教学视频时间通常为 5~8 分钟。与传统教学相比，微课的教学时间确实非常短，因此也可以称之为"课例片段""微课例"。

第六，教学方式不"碎片化"。虽然微课的视频时间短，每个课程也就研究一个主题，没有复杂的课程体系、教学目标和教学对象，但是，微课所针对的人群就是教师和学生，这是固定的，而且它传递的知识也是具有系统性和全面性的，因此，它并不是"碎片化"的教学方式。虽说微课的视频时间相对而言较短，每个课程研究的主题也只有一个，教学目标、课程体系、教学对象这些都不复杂，但微课是以教师和学生为固定对象，这是不会改变的，且所传递的知识是系统的、全面的，所以其教学方法不是"碎片化"的。

第七，反馈及时、针对性强。微课的视频剪辑时间短。在短时间内，开展"无学生班"活动。参与者可以及时听到他人对其教学行为的评价，并获得反馈信息。但与正常的信息反馈相比，这种听课、评课更为即时，即根据当前内容及时进行反馈。因为这是课前小组的"预演"，每个学生都可以参加。

（二）微课的分类

根据教学过程中的主要环节而言，微课可分为：课前的复习、新课的导入、知识的理解、巩固练习、拓展小结。与教育教学相关的其他类型的微课有：说课类、活动类、实践类、班会课类等。此外，根据教学方法来划分，微课还可以分为：探究学习类、合作学习类、讲授类、讨论类、问答类、自主学习类、启发类、演示类、练习类、实验类、表演类等。此外，还需要注意：微课的分类标准不唯一，它可以对应于一种类型的微类，也可以属于两种或两种以上类型的微类的组合。微课的类型不是固定不变的。随着现代教学理论的发展，教师的教学方法将不断创新，微课的类型将在教师的实践中不断完善。

二、微课辅助教学中跨文化能力培养的实践路径

第一，教师跨文化素养的提升。目前，高校英语教育仍然处于培养听、说、读、写、译等方面的语言能力，忽视文化因素。因此高职教师的英语教学理念也要发生一定变化。教师的跨文化能力决定着教学内容的选择和教学过程的设计。目前，由于大多数外语教师缺少对跨文化理论知识的学习，同时缺少海外教育、工作的经历，而学生特别希望教师能在课上对跨文化能力加以渗透，以满足未来工作需要，因此教学需要提高跨文化能力素养。外语教师跨文化能力素养的提高，可以通过阅读相关书籍，观看英文影视节目，有条件的高校应专门为英语老师开设外教课，提高英语教师的跨文化素养。

第二，学生跨文化意识的培养。根据问卷及座谈结果，发现学生普遍有意提高自己跨文化能力，但苦于如何具备跨文化意识。高校应该利用国家的政策支持与自身的教育资源，通过校外联动、校内策划的方式，举办一些能促进中外学生交流的活动，尤其是增强校内的中国学生与留学生之间的文化活动交流。除此之外，跨文化能力的培养不是靠一门课几门课就能提高，教师积极引导学生读英文原著、看英文影视剧等，鼓励学生将中英文化对比，强化中英文化差异。

第三，微课辅助教学模式探讨。提高学生跨文化能力，教学内容是核心部分，是能否提高学生跨文化能力的重要因素之一。而高职英语教材中涉及文化因素的内容有，但是大部分作为对话或是课文的某个环节一带而过，没有进一步展开，也没有真正地将国外文化与中国文化进行对比，以此提高学生跨文化意识。

参考文献

[1] 鲍文. 商务英语教育论 [M]. 上海：上海交通大学出版社，2017.

[2] 段云礼. 实用商务英语翻译（第2版）[M]. 北京：对外经济贸易大学出版社，2013：2.

[3] 方燕芳. 英语思维与英语教学 [M]. 成都：电子科技大学出版社，2017.

[4] 何晔. 大学英语和英语专业教学应坚守各自学科发展本位——兼与张杰老师商榷公共英语教学的专业化与英语专业教学的公共化 [J]. 池州学院学报，2008（2）：132-134.

[5] 柳菁菁. 试论高校英语教学中跨文化意识培养 [J]. 食品研究与开发，2021，42（22）：252.

[6] 吕明. 英语智慧教学模式下大学生跨文化交际能力的培养策略 [J]. 潍坊学院学报，2020，20（3）：108.

[7] 屈亚媛，周玉梅. 大学英语听力教学原则浅议 [J]. 校园英语，2015（8）：16.

[8] 司青娣. 新媒体环境下的专业英语教学法新探——评《英语语法新论》[J]. 新闻爱好者，2019，（2）：100.

[9] 宋雨晨，谭诣，王丽华. 高校英语教学思维创新 [M]. 长春：吉林人民出版社，2020：24.

[10] 唐利芹. 大学英语教学法探索与教学实践研究——评《当代大学英语教学的认知研究》[J]. 林产工业，2019，56（10）：68.

[11] 王宝平. 基于跨文化交际能力培养的英语教学策略 [J]. 教育理论与实践，2016，36（26）：49.

[12] 王华，秦曼. 高校英语教学方法改革探索——评《英语教学方法论》[J]. 教育发展研究，2017（12）：91.

[13] 王岚, 王洋. 英语教学与英语思维 [M]. 长春: 吉林人民出版社, 2019: 68.

[14] 王立荣. 基于微课辅助教学的高职英语教学中跨文化能力培养研究 [J]. 文化创新比较研究, 2020, 4 (4): 163.

[15] 向刚. 跨文化背景下茶文化在高校英语教学中的应用 [J]. 福建茶叶, 2021, 43 (7): 179.

[16] 闫俊玲, 于明波. 高校英语专业课程设置改革探讨——基于应用型人才培养视角 [J]. 赤峰学院学报 (自然科学版), 2016, 32 (24): 255.

[17] 杨柳, 王涵. 论现代文化的象征性 [J]. 青春岁月, 2015 (12): 542.

[18] 杨阳. 英语理论与英语教学 [M]. 成都: 电子科技大学出版社, 2017.

[19] 张国庆. 培养跨文化交际能力在商务英语教学中的重要性及实施建议 [J]. 文学界 (理论版), 2010 (11): 162.

[20] 张晓宁. 英语跨文化交流能力培养对策探究 [J]. 文化产业, 2021 (9): 38.

[21] 张懿. 论大学英语教学中 "跨文化交际意识" 的培养 [J]. 大家, 2010 (13): 358.

[22] 赵月. 大学英语教学多元方法创新研究 [J]. 英语教师, 2015, 15 (20): 60-62.

[23] 周彩霞. 初中英语新目标口语教学探究 [J]. 成功: 中下, 2013 (2): 1.

[24] 朱婷. 高职英语教学中学生跨文化交际能力的培养与提升研究 [J]. 海外英语, 2022 (6): 231.

[25] 曹慧书, 李兴, 王飒. 英语言语学理论与发展探究 [M]. 北京: 中国纺织出版社, 2018.

[26] 陈莉萍. 大学英语教学研究 [M]. 广东: 世界图书出版广东有限公司, 2015.

[27] 胡雪飞. 英语教学法 [M]. 武汉: 武汉高校出版社, 2016.

[28] 纪旻琦, 赵培允, 马媛. 英语语言学理论与发展探究 [M]. 长春: 吉林大学出版社, 2020.

[29] 季舒鸿, 王正华. 高职英语教育理论研究与实践探索 [M]. 合肥: 安徽大学出版社, 2012.

[30] 金明芬, 武晓蓓, 杜会. 英语教学法教程 [M]. 北京: 中国纺织出版社, 2019.

[31] 刘荣, 廖思湄. 跨文化交际 [M]. 重庆: 重庆大学出版社, 2015.

[32] 毕晨慧, 徐航. 基于混合式教学的英语专业学生跨文化能力培养研究 [J]. 山西青年, 2021 (13): 11-12.